U0036877

聖嚴法師

48個願望

《無量壽經》講記

自序

阿彌陀佛之所以成為阿彌陀佛，是因為他在修行菩薩道的階段，發了四十八個大願，最後不但修行成佛，也成就了西方極樂世界，救濟一切眾生。而敘述阿彌陀佛成佛的因緣，以及發願的願文，就是《無量壽經》的主要內容。

許多中國佛教徒，在每天早晚課誦的時候，都會稱念「阿彌陀佛」的聖號，對於〈讚佛偈〉中「四十八願度眾生」的句子，都能朗朗上口，但卻不知道是出於《無量壽經》。

目前收錄在《大正藏》中，屬於阿彌陀佛專修法門而為眾所周知的經典，計有三部，被譯成漢文的年代，以《無量壽經》最早，譯者是曹魏時代的康僧鎧；其次是《阿彌陀經》，譯者是姚秦鳩摩羅什；再次是《觀無量壽經》，譯者是劉宋畺良耶舍。

《無量壽經》不僅譯出最早，內容最豐富，被弘揚得也最早。到了宋明之後，弘揚淨土的祖師們雖然大多講述《阿彌陀經》，但談到淨土的思想時，還是要溯源於《無量壽經》。

此《《無量壽經》講記》，先於四年前（一九九三年）的農禪寺清明佛七中講了六個晚上，只講完四十八願的願文；後於兩年前的清明佛七中再將經文的重要部分摘講六個晚上。本（一九九七）年七月，法鼓文化公司編輯部將兩次的六講，由義工弟子整理成稿，交到我的手邊，看了一遍發現，雖都是我講的內容，也似我的語氣，卻覺得空洞無物，文字鬆散，必須細心修補，才能拿得出來。

同年十月十五日我把它帶到紐約，從十一月二日起至十七日為止，在衰病忙碌之中，花了半個月的時間，參考相關經論資料，刪修補充，謄清了兩遍，又補寫了四十八願願文註釋，幾乎是重寫了這篇講要。

我很感謝農禪寺的佛七法會，讓我講了這部經，也很感謝依據錄音帶為此整理初稿的弟子，如果沒有底稿，我是沒有可能撰寫這篇「講記」的。以往的數種經典、偈頌及禪宗文獻講錄，也是在這種意外的情況下產生出來的。

一九九七年十一月十七日記於紐約東初禪寺

目錄

《無量壽經》的漢文譯本

根據古代經典目錄如《出三藏記集》，以及《高僧傳》的記載，《無量壽經》的譯本先後有十二種，其中七種已經失傳，現存的只有五種，抄列如下：

（一）《無量壽經》二卷　東漢安世高譯（失）
（二）《無量清淨平等覺經》四卷　東漢支婁迦讖譯（存）
（三）《阿彌陀經》二卷　東吳支謙譯（存）
（四）《佛說無量壽經》二卷　曹魏康僧鎧譯（存）
（五）《無量清淨平等覺經》二卷　曹魏帛延譯（失）
（六）《無量壽經》二卷　西晉竺法護譯（失）
（七）《無量壽至真等正覺經》一卷　東晉竺法力譯（失）
（八）《新無量壽經》二卷　東晉佛陀跋陀羅譯（失）
（九）《新無量壽經》二卷　劉宋寶雲譯（失）

（一〇）《新無量壽經》二卷　　劉宋曇摩密多譯（失）

（一一）《大寶積經無量壽如來會》二卷　　唐菩提流志譯（存）

（一二）《佛說大乘無量壽莊嚴經》三卷　　北宋法賢譯（存）

由於學者們將古代各種譯經錄、僧傳記加以對照、考證，推斷後代流行的康僧鎧譯本，可能就是第九種劉宋寶雲所譯的《新無量壽經》，同時檢查它的譯語釋例，也跟寶雲所譯的另一種《佛本行經》雷同。而且在本經序說中用到「得佛華嚴三昧」一句，應當是承襲本經第八譯者佛陀跋陀羅所譯《華嚴經》的影響。

趙宋王日休，把菩提流志所譯之外的四種譯本刪補校正，會輯成《大阿彌陀經》二卷；民國二十一年到二十五年間（西元一九三二—一九三六年），夏蓮居居士彙整五種譯本而成為《佛說大乘無量壽莊嚴清淨平等覺經會集本》一卷。

本經也在尼泊爾發現數種梵文本，西元一八八三年由馬克斯・穆勒（Max Müller）及南條文雄合作將原文出版，嗣後譯成英文，名為 The Larger Sukhavativyuha Sutra，明治四十一年（西元一九〇八年）譯成日文。西元一九一七年荻原雲來，以高楠順次郎及河口慧海從尼泊爾攜歸的五種本經梵文原典，依西藏譯本改訂，譯為日文，再譯成英文，因此於西元一九三二年完成了梵、藏、日、英合璧的《淨土三部經》，以之與《觀無量壽經》及《阿彌陀經》並行。

譯者及註釋

（一）康僧鎧又名僧伽跋摩，在曹魏廢帝嘉平四年（西元二五二年）來華，在白馬寺譯出這部經。但根據梁慧皎的《高僧傳》卷一中的「曇柯迦羅傳」，曾提到康僧鎧在嘉平之末，來至洛陽，譯《郁伽長者經》等四部經，卻沒有記載他翻譯《無量壽經》；而梁僧祐所撰的《出三藏記集》卷十四，有「僧伽跋摩傳」，也沒有譯這部經的記載。

（二）寶雲，在劉宋元嘉二十六年（西元四四九年）圓寂，享年七十四歲。梁《高僧傳》卷三及《出三藏記集》卷十五，都有他的傳記。根據學者的考證，我們現在通行的版本，很可能就是寶雲所譯的。

本經自印度以來，即是西方淨土思想的根本聖典，其歷代的註疏、解釋、贊述極多，例如《無量壽經優婆提舍願生偈》一卷，印度天親菩薩造，北魏菩提流支譯。

中國部分則有隋代慧遠的《無量壽經義疏》二卷、隋代吉藏的《無量壽經義疏》一卷、唐代圓測的《無量壽經疏》三卷、新羅元曉的《兩卷無量壽經宗要》一卷，乃至清代王耕心《摩訶阿彌陀經衷論》一卷，近人律航的《佛說無量壽經五重玄義》及曾普信的《無量壽經問答》等約二十多種；日本的註釋則更多達五十多種。

本經組織

（一）依中國傳統解釋經文的方法，其內容可分為：序分、正宗分、流通分。

1. 序分：又分

⑴通序——證信序

⑵別序——發起序

2. 正宗分：又分

⑴發四十八願

⑵依願修行

⑶所得依正

⑷往生行業

⑸極樂莊嚴

3. 流通分

（二）依現代講經方式，分為上、下兩卷。

1.上卷有七大段：

⑴此時佛住於王舍城的耆闍崛山中，為萬二千位大比丘眾，及賢劫中一切菩薩之所圍繞。

⑵彼等與會的諸大菩薩，皆具無量行願，皆願安住一切功德之法。

⑶佛應阿難之請，而為宣說這部《無量壽經》。

⑷阿彌陀佛在因地修行時，歷經錠光佛等五十二佛，至第五十三尊世自在王佛之世，是一國之王，後出家，名為法藏比丘，遂發四十八願。

⑸法藏比丘已於兆載永劫，積植菩薩無量德行，滿足因行。距今十劫以前已經成佛，號阿彌陀，國名安樂。

⑹廣敘無量壽佛的光明第一，列舉十二種光，為此佛名號，都是某某光佛。

⑺敘述安樂國中宮殿莊嚴，飲食自然，演萬種伎樂法音。

2.下卷有六大段：

⑴生於彼者，皆住正定聚，其人則有上輩、中輩、下輩三等。這段是說，如果能夠生到阿彌陀佛的安樂世界，就能必定悟道，定為彼國上、中、下的三輩蓮花

所收。

⑵十方佛國諸菩薩眾，亦來彼國，供養阿彌陀佛。

⑶佛勸彌勒及諸天人，精進往生安樂國土。

⑷以疑惑心修諸功德願生彼國之人，念佛往生彼國胎宮，五百歲不見佛。

⑸列舉他方十四佛國及十方世界無量佛國的諸菩薩眾，皆當往生阿彌陀佛國土。

⑹當來之世，經道滅盡，唯有這部《無量壽經》，還會在人間多留一百年。

阿彌陀佛大願有幾條？

（一）現存本經的五種譯本之中，東漢、東吳的兩種譯本，都是二十四願。

（二）現存的曹魏、唐兩譯，都是四十八願。

（三）現存的宋譯是三十六願。

（四）現代的夏蓮居，於所輯的《佛說大乘無量壽莊嚴清淨平等覺經會集本》中說道：「驟覽之，魏唐廣而漢吳略，細辨之，漢吳盈而魏唐絀。緣二十四者，不僅二十四；四十八者又不足四十八。」

（五）西藏譯本《無量壽經》四十九願。

（六）《悲華經》五十二願。

法藏比丘的讚頌

爾時次有佛，名世自在王如來、應供、等正覺、明行足、善逝、世間解、無上士、調御丈夫、天人師、佛、世尊。時有國王，聞佛說法，心懷悅豫，尋發無上正真道意，棄國捐王，行作沙門，號曰法藏。高才勇哲，與世超異。詣世自在王如來所，稽首佛足，右遶三匝，長跪合掌，以頌讚曰：

佛有十大名號：應供、等正覺、明行足、善逝、世間解、無上士、調御丈夫、天人師、佛、世尊，這也是每一尊佛共通擁有的稱號。

阿彌陀佛在因地修行時，從錠光佛時開始，親近供養了五十二尊佛，到了第五十三尊佛，也就是世自在王佛時，有一位國王，聽佛說法之後，法喜充滿，因此發無上心，捐棄王位，捨俗出家而作沙門，號為法藏。所謂「無上正真道意」，就是發了成佛的大願。

「高才勇哲，與世超異」，是形容法藏比丘的才高能強、智慧勇健，均非世人所及。而他來到世自在王如來處所，便五體投地頂禮佛足，向右繞佛三圈，合掌跪下，以偈讚頌佛的功德。

一、讚佛功德

光顏巍巍，威神無極，如是炎明，無與等者。

這四句偈是形容佛的身相光明莊嚴。「光顏巍巍」是指佛的面容發出紫金色的光芒，令人覺得崇高偉大；「威神」是指佛的威德不可思議，威儀萬千，讓人覺得無法衡量、無與倫比，不能侵犯。

我曾經看過名漫畫家蔡志忠先生所畫的漫畫，把大人物畫得很大，小人物畫得很小，而問他：「人體都是差不多大的，為什麼你畫的大人物和小人物，尺寸差距這麼多，豈不是與事實不符嗎？」

他說：「師父，事實上，一般人看到大人物時，總感覺自己很小，大人物很大，所以我是畫出大家心中的大人物和小人物。」

他又說：「師父，我們看到的不是真正的平等，我畫的是人心的感受。」

諸位是否也有這種感覺？看大人物就覺得他比你大，或者認為自己是大人物時，就覺得自己是個巨人。以菩薩眼光來看佛，一定覺得佛是巍巍然、威神無比，不同於一般常人。事實上在佛經裡所描寫的佛，不論是化身、報身，也都比一般的人及天人，要大得多。

「如是炎明，無與等者」，炎是兩個火字重疊相加，火有火焰、光焰的意思，光焰上再加光焰，就是表示非常光明，世上沒有任何發光的東西，可以跟佛身的光焰相比擬的。

日月摩尼，珠光炎耀，皆悉隱蔽，猶如聚墨。

這四句偈是在說明：若用世間最光明的東西，例如日光、月光、摩尼寶珠光，與佛身相的光明對照相比的話，世間的一切光，就會黯然失色，簡直就像黑墨一樣。

如來容顏，超世無倫，正覺大音，響流十方。

佛的臉上放光，無與倫比，佛所宣揚的妙法，音聲響遍十方諸佛國土。有以「佛面猶如淨滿月」來形容佛的面孔如八月中秋夜晚的明月，清淨、圓滿、明亮、清涼；然而中秋的月亮表面還是有一些黑影，佛面卻是毫無瑕疵的。法藏比丘不僅讚歎佛的面相、身相，更讚歎佛在說法的法音，那是世出世間的「正覺大音」，不是凡夫眾生的世間音，也不是二乘聖者的出世音。

基督教的《新約》，將基督的教義稱為「福音」，佛教則把佛法，稱為大覺者的「法音」。福音的「福」對佛教徒來說，只是修人天福報，最多是享受天界福報；可是大覺世尊的法音，是幫助眾生除煩惱、越三界、出苦海、成佛道的智慧，故名為正覺大音。

「響流十方」意思是，只要有佛出世、說法、度眾生，十方一切佛國淨土的諸佛及諸有情，便會知道有這一尊佛在說法，如同釋迦牟尼佛在我們這個娑婆世界說法，十方無量諸佛的世界，都知道有佛出世、有佛說法。

戒聞精進，三昧智慧，威德無侶，殊勝希有。

這是讚歎佛的所有威德，包括持戒、聞熏、精進、禪定、智慧等，都比一切大、小乘的聖者稀有殊勝。

佛是持戒最精進、最圓滿、最究竟的人，圓滿成就一切大、小乘的淨戒。凡夫持戒是壞事不做；菩薩持戒是不得做壞事，也不得不做好事。小乘人持戒，僅要求身、口二業不作惡；大乘菩薩持戒，必須身、口、意三業清淨。大、小乘聖者，都有道共戒，自然不犯惡業，但唯有佛的戒德莊嚴，已經圓滿無缺，故稱「無侶」。

「聞」是聽到的意思，對凡夫來說是聽佛法，在諸佛菩薩來說，則是聽聞眾生受苦、求救的聲音。凡夫的耳朵就是喜歡聽人家讚歎自己的話，也善聽所有人批評別人的話；但是我們學佛的人，應該學諸佛菩薩，聽聞法音，聽聞眾生受苦受難的聲音，而適時適地恰到好處地幫助他們。

「精進」就是永遠不懈怠的意思。懈怠和精進是相對的，如果應該做、能夠做，卻不去做，或是心存現在不做，下次再做，甚至今天不做沒關係、今生不做也沒關係的心態，就是懈怠。相反地，精進則是充分利用每一個現在，乃至於每一分、每一剎那的現在，努力持淨戒，努力聞佛法，努力修禪定，努力增智慧；雖然只有諸佛菩薩才能如此精進，但我們凡夫也應該盡力學習，盡力去做。

「三昧」是指在禪定的功用，亦即心中無雜念，便能不受外界的任何困擾。

「智慧」分為有漏與無漏。凡夫以自我為中心，縱然很聰明，還是有我執在，所以是有漏的智慧；大菩薩沒有自我中心，具備無漏的智慧；佛則是圓滿的覺者，所以是無人能及的一切智者。

「威德無侶，殊勝希有」，是因為世尊具備戒、聞、精進、三昧、智慧的五種條件，是世出世間一切聖者中的最上聖者，所以佛的威德，殊勝稀有，無人能比。

深諦善念，諸佛法海，窮深盡奧，究其崖底。

這是形容世自在王如來的智慧。「深諦」就是徹底的認識和了解；「善念」是非常深刻地憶念著，也就是深刻地理解而經常不忘「諸佛」所說的「法海」勝義。

法就是由諸佛所證所說的道理，讓我們聽了以後，照著學習，照著實踐，也照著去如實修證。「海」有兩層意思：第一是廣大無際，第二是深厚無底，是形容佛法無量無邊；雖然諸佛所言說的法有限，但是其法義內涵是無限的。

諸佛的法海，包括十方一切諸佛所證所說的種種法，可分成義海和理海，所有有關佛教的名詞，稱為「義海」，親自實證如來的法身，稱為「理海」；通達無量法義，是為深徹義海；如能修行佛法而達明心見性，那就是實證理海；義海屬於思辨，理海出於經驗。

如來對於高深奧妙的諸佛法海，都能透徹體會，達於崖底。這是讚歎如來的智慧弘深，無障無礙。

無明欲怒，世尊永無，人雄師子，神德無量。

「無明」是煩惱的根本，無明會障礙善根，令人不起智慧；而由無明所產生煩惱的現象，就是貪、瞋、癡三毒。

所謂「無明、欲、怒」，實際上就是指的愚癡、貪欲、瞋怒，稱為三毒。眾生在沒有成佛之前，永受煩惱困擾。有煩惱，受困擾，竟不自知是煩惱，便叫作無明。有的人，天天覺得很歡喜、很高興，不覺得有什麼不好、不舒服的，還認為這就是沒有煩惱；但其實天天都在貪、瞋、妒嫉、懷疑中打滾，卻不知道那就是自害害他的煩惱，就是無明。佛則是無明根斷，煩惱已盡，永無三毒了。

「人雄師子，神德無量」，這是形容佛的威德、威神、法的威力，無量無邊，像人中的雄獅。威武、勇猛的獅子，稱為百獸之王，而佛是眾生之中的法王，說法如獅吼，一切眾生聽到了佛的法音之後，都會棄邪歸正。

功德廣大，智慧深妙，光明威相，震動大千。

在《涅槃經》裡面提到佛有三種功德：般若德、法身德、解脫德；以般若證法身、得解脫，叫作三德圓明。佛的功德廣大，是無法衡量的，所以稱為「功德廣大」。所以，聽聞佛法，比聽聞其他學問的功德要大，因為佛的智慧，是從佛法的修證而得到的，而且佛的智慧是最深廣最圓滿的。

佛的功德無量，而凡夫之人能有什麼功德？給人一碗飯吃，給人一件衣服穿，給人一點錢用，救人一條生命，這都是功德，是救人色身、肉體的壽命，功德當然很大；但如果能布施佛法，則是救人法身的慧命，這樣的功德更大；又如果能用佛法自度自救，救度一切眾生，便是修行菩薩道，這樣的功德最大。若僅以佛法自利，頂多是「有修有證」，若能利益眾生，則名為功勳，亦名功德。

「光明威相」，是形容佛的慈悲光及智慧光，包括照亮眾生世界的慈悲光，以及破除眾生無明的智慧光。如果只有智慧而慈悲不足，那是修小乘的人，小乘人也有慈悲，只不過沒有像菩薩及佛那樣永遠度眾生的大慈悲。

佛的三十二種大人相，都是威神莊嚴相，由於佛有光明和有威德的相貌，以及智慧深妙能如獅子吼般地說法，因此能震動大千世界，喚醒六道昏蒙。

一個太陽系等於一個小世界，一千個小世界叫作小千世界，一千個小千世界叫作中千世界，一千個中千世界叫作大千世界，大千世界共有小千、中千、大千三個層次，所以又叫作三千大千世界。

每一尊佛弘化的範圍叫作一個大千世界，釋迦牟尼佛弘化的世界，就是我們的娑婆世界，娑婆世界就是一個大千世界。而釋迦牟尼佛的色身，是為了度化娑婆眾生而來，除了地球世界之外，在我們這個娑婆世界的三千大千世界裡，釋迦牟尼佛有千百億個化身。

二、發願作佛

願我作佛，齊聖法王，過度生死，靡不解脫。

此偈是法藏比丘所發無上菩薩心的正願，前面都是讚歎世自在王如來的各種功德，現在是法藏比丘自己發願，願他自己成佛，而且希望：他在成佛後的功德、智慧、光明，都能跟法王一樣。

法王也是佛的別稱，世自在王佛是法王，阿彌陀佛是法王，釋迦牟尼佛是法王，藥師佛等也都是法王。因此，在西藏凡是轉世的大成就者，都被譽封為法王；但此處所指的是佛，也唯有佛，才是真正的法王。

「過度生死，靡不解脫」，有兩層意思：1.自己本身已經由於佛法而度脫了生死。2.使得如法修行的人，也都能度生死苦海，獲得解脫。

布施調意，戒忍精進，如是三昧，智慧為上。

為完成圓滿的佛果，先要修行六度，就是首先以布施調整自私心，長養慈悲心，再修持戒、忍辱、精進、禪定，以及無漏的智慧。

「三昧」，梵文samādhi，就是定、等持、現法樂住、息慮凝心等的意思。可解作禪定，也可解作任何一樣的修行，到究竟的深處，都能成為定慧不二的三昧。法門無量，每一法門都能讓我們通向涅槃、解脫，任何一項成佛的修行法門，精進不懈，都能得智慧，都能得禪定，所以門門都能成為三昧；其實若和清淨的智慧相應，做任何事都能得三昧。

六度之中的每一度，若與智慧相應，都能成為三昧。有人說布施最容易做，人人都會，但唯有不求回饋的無相布施，不著相，不問有沒有功德，才是大功德，才能得布施三昧。

有人認為，持戒只是修人天福報，這只講對了一半，那得看你持的是什麼戒？用什麼心來持戒？以求取人天福報的心，或者怕下地獄受苦報的心來持戒，頂多是得人天福報而不得持戒三昧；若能不為求取什麼而嚴持佛戒，就能得持戒三昧。

吾誓得佛，普行此願，一切恐懼，為作大安。

這是說，法藏比丘發願自己一定要成佛，要好好地依願修行，普度眾生，使得一切有恐懼的眾生，能夠得到最大的平安。

生命是一種果報，應該要受的，逃也逃不掉，不該得到的，求也求不得。知道了佛法，受用了佛法，就不需恐懼；何況對於學佛的善人，尚有諸佛菩薩，以及護法天神的日夜護持。

三、堅正求道

假令有佛，百千億萬，無量大聖，數如恆沙，供養一切，斯等諸佛，不如求道，堅正不卻。

這段經文是說，假如有人供養無量無數諸佛，還不如求無上菩提，行菩薩道，學習法藏比丘的大悲願心，堅定不退。因為法藏比丘的大悲願心是要在他成佛以前，度無量眾生，成佛以後還是要度無量眾生。

「求道」便是發菩提心，求無上佛道。但是初發心容易，長遠心難持，一般人常因少許委屈、打擊、挫折就會氣餒、退卻。若真的道心堅固，則任何威脅、利誘、阻礙、騷擾，都不會動搖他的菩提心，這才是真正「堅正不卻」了。

因此法藏比丘告訴我們，供養無量無數恆河沙數一切諸佛的功德固然極大，還不如道心堅固，更加重要。因為供養諸佛只得福報，發菩提心、行菩薩道、堅正不退，才能成熟無量眾生，共成無上佛道。

譬如恆沙，諸佛世界，復不可計，無數剎土，光明悉照，遍此諸國，
如是精進，威神難量。

十方諸佛的數量，就如恆河中的沙子，多得難以計算。而每一佛都有一世界，一尊佛的世界，就是一個國土，亦名「剎土」，梵文 kṣetra 譯為剎，意為土田，也就是「國土」的意思。

「譬如恆沙，諸佛世界，復不可計，無數剎土」，這四句話有兩層意思：1.

有佛住世的世界，多得像恆河沙數不可計數；2.還有無佛教化的世界，也多得不可計數。

不論在有佛世界或無佛世界，法藏比丘都要發願用慈悲及智慧的光，普遍照耀每一個國土。像這樣的精進力及威神力，是很難以算數譬喻所能度量的；在任何一個國土中，所能產生的影響力，也是大得無法用數字去衡量的。我們每一個眾生，不管是過去、現在、未來的，不管是人，乃至地獄、餓鬼、畜生，有形的、無形的，都已間接或直接受到阿彌陀佛的慈光普照，功德難量。我們學佛的人，也應該學習阿彌陀佛的精神，將所學到的佛法，分享他人，也算是代佛放光，而這份悲智之光，植於八識田中，未來有機會隨時可以發芽生長，一直到成佛為止，不斷地成長，影響自己、影響他人、影響一切眾生，也可說是無可稱量。

四、嚴土熟生

令我作佛，國土第一，其眾奇妙，道場超絕。國如泥洹，而無等雙，
我當愍哀，度脫一切。

「令我作佛，國土第一」，這是法藏比丘對世自在王如來說：「當我成佛時，成就的佛國淨土是所有一切國土之中最好的。」這裡的「第一」，有兩層意思：一是阿彌陀佛的佛國淨土，和娑婆世界，以及其他許許多多的諸佛世界比較，是最莊嚴殊勝的。二是因為十方世界所有無量諸佛，都在讚歎阿彌陀佛的極樂國土，都在鼓勵所有的眾生，往生阿彌陀佛的極樂世界。

阿彌陀佛的極樂世界，本經稱為安樂世界，其土所有的眾生，都是諸上善人，都是得不退轉的菩薩，都是所作已辦的阿羅漢。其實在阿彌陀佛的世界，那些聲聞聖者，實際上也是佛菩薩化現，乃至所有的鳴禽，也是佛菩薩的化現，《阿彌陀經》云：「是諸眾鳥，皆是阿彌陀佛欲令法音宣流，變化所作。」所以在阿彌陀佛國土裡，一切眾生，都很奇妙。弘揚佛道的地方叫作「道場」，莊嚴殊勝，超越一切國土的道場，就是阿彌陀佛的極樂世界。

「國如泥洹」，泥洹是梵文 nirvāṇa 的音譯，意謂寂滅、圓寂、圓滿、寂靜，看到淨土經典裡描寫的佛國淨土，有那麼多的莊嚴景物，進入那個淨土之後的人，就得解脫而住在不生不滅的涅槃境界裡。在那個淨土裡的眾生，身體是由蓮花化生，而西方安樂世界的蓮花，是永遠不凋謝的，但其一切境界的一切景物，看似有相實即無相寂滅。

法藏比丘在成佛之後，經常憐憫和哀念娑婆世界一切的眾生，對於那些還沒有生到安樂世界的、尚沒有證到涅槃的、尚沒有解脫苦難的一切眾生，阿彌陀佛都要度脫他們。

十方來生，心悅清淨，已到我國，快樂安穩。

這四句是說，當法藏比丘成佛以後，所有十方國土中往生安樂世界的一切眾生，心中一定生起清淨無染的喜悅，到了彼國，便在安穩中享受解脫自在的快樂。也就是說，彼國眾生，外無苦迫煎熬，內無三毒攻心，所以稱為「快樂安穩」。

幸佛信明，是我真證，發願於彼，力精所欲。十方世尊，智慧無礙，常令此尊，知我心行。

「幸」是期待的意思，有希望、促成的意思。法藏比丘發願要成就莊嚴安樂世界，以安樂世界來成就所有願生彼國的眾生，希望世自在王佛相信他所發弘願，給他信心、給他光明，他要盡自己一切力量，完成悲願。「力精所欲」的「欲」，跟貪欲的欲不一樣，這是無私悲願而非自私欲望，所以學佛的人應該要學習著：自私的貪欲不可有，弘法的悲願不能無。

「十方」的諸佛「世尊」都是智慧無礙的，法藏比丘祈請諸佛世尊作證，願十方諸佛，永遠都知其心行。

假令身止，諸苦毒中，我行精進，忍終不悔。

處身於被諸種苦毒煎熬的五濁惡世之中，凡有貪、瞋、癡等煩惱眾生所在之處，法藏比丘就到該處，精進不懈利益眾生，修種種忍辱行，永不後悔。這是說，法藏比丘在因地時，為了要成就安樂國土，以及成熟無量願生其國的諸眾生等，所以發願：難行能行，難捨能捨，難忍能忍。

明末蕅益大師，便曾受此經感動，也發了四十八願。現在諸位菩薩來聽此經，也應學習阿彌陀佛這樣弘深的大悲願心；為了成就安樂世界，為了成熟眾生，就得從現在開始，於諸苦毒環境之中，勇猛精進，難忍能忍，永不退心，永不後悔。

攝取佛國清淨之行

佛告阿難：法藏比丘說此頌已，而白佛言：「唯然世尊，我發無上正覺之心，願佛為我廣宣經法，我當修行，攝取佛國清淨莊嚴無量妙土，令我於世，速成正覺，拔諸生死勤苦之本。」

這個時候，釋迦牟尼佛繼續告訴阿難尊者：法藏比丘說了以上的頌詞之後，就稟告世自在王如來說：「佛啊！我已經發了無上正覺成佛的心，願佛世尊，為我宣說如何修行的法門，我一定會照著去做。為使攝取無量清淨佛國妙土的功德莊嚴，使得我在這個世間早成正覺，救濟拔除一切眾生的生死勤苦。」也就是說，法藏比丘希望聽到世自在王佛為他說法開示，但願功德成滿，拔除一切生死勤苦之根本，早成佛道。

佛語阿難：時世自在王佛，告法藏比丘：「如所修行，莊嚴佛土，汝自當知。」比丘白佛：「斯義弘深，非我境界，唯願世尊，廣為敷演諸佛如來淨土之行，我聞此已，當如說修行，成滿所願。」

這一段經文，是釋迦牟尼佛告訴阿難尊者：當時的世自在王佛回答法藏比丘：「你就照著那樣子修行吧！如何修行來莊嚴你自己的佛國淨土，你應該知道了。」法藏比丘還是不懂，接著請求：「佛說的這個道理非常深奧，不是憑我自己就能夠了解的境界，但願世尊為我詳細地開示，究竟諸佛如來是以怎樣的修行來成就他們清淨的國土呢？我聽了以後，一定照著修行，這樣才能圓滿我的心願。」

爾時世自在王佛知其高明，志願深廣，即為法藏比丘而說經言：「譬如大海，一人斗量，經歷劫數，尚可窮底，得其妙寶，人有至心精進，求道不止，會當剋果，何願不得。」

世自在王如來知道法藏比丘的悲願，是高明、深厚、廣大的，是法海的龍象，是佛門的大器，因此就為法藏比丘宣說經法。其中並無玄祕之處，所謂修行的方法，就是「至心精進，求道不止」八個字。

經文「譬如大海」，是形容法門深廣如大海，幾乎是不可能用斗把海水掏空的，但也不是辦不到，只要你有恆心，歷經無量劫數的時間，仍可把海水掏空，取得海底的妙寶了。相同的，修菩薩道的人，只要至誠專一而又精進不退，不達求道成道的目的，絕不終止，自然就會獲得你所願求的結果。

於是世自在王佛，即為廣說二百一十億諸佛剎土，天人之善惡，國土之粗妙，應其心願，悉現與之。時彼比丘，聞佛所說，嚴淨國土，皆悉覩見，超發無上殊勝之願。其心寂靜，志無所著，一切世間，無能及者。具足五劫，思惟攝取，莊嚴佛國清淨之行。

接著釋迦牟尼佛又介紹世自在王佛告訴法藏比丘如何地修行。世自在王佛非常詳盡地宣說了二百一十億諸佛剎土的狀況，每一個佛國眾生的善惡行為，每一個佛國設施的粗細品質，這種種狀況也如法藏比丘所期望的那樣，全部顯現在他的眼前。

或許會有人以為，凡是佛國的眾生，必定都是唯善無惡的；凡是佛國的設施，必定都是唯妙無粗的。可是未必如此，例如釋迦牟尼佛所教化的國土，也就是我們這個娑婆世界，除了人類以外，尚有其他五趣眾生，是有善有惡的；這個娑婆世界的環境，也是有粗有妙。

法藏比丘見了二百一十億佛國眾生及佛國環境，因為有善有惡，有粗有妙，所以立時發起了超越一切佛國的無上殊勝大願。此時他的心是寂靜無著，自然而然不假造作的，一切世間的所有眾生，都比不上他。其實，此時的法藏比丘，已經進入極高、極深的禪定，住於不動定境，經過五個大劫，都在靜慮思惟，攝取莊嚴諸佛國土的清淨之行。

所謂「國土之粗妙」，從我們人的角度看這個世界，究竟是粗還是妙？有一些藝術家看這個世界，處處都是美景，物物都可入畫，都能成為詩詠的題材。從他們的作品來看，彷彿他們所處的是一個唯善、唯美的世界。但在現實生活之中，則不盡然，他們同樣有七情六欲，同樣看到有善有惡、有美有醜，只不過透過他們的技術和巧思，便成了美化的人間。

若用慈悲和智慧的佛眼看世界，世界既是平等的，也是無差別的，那是因為佛無主觀的利害問題，所以唯善無惡，唯妙無粗；眾生仍有煩惱，所以善惡分明，粗妙歷然。

如果我們能對自己用無我的智慧，對眾生用平等的慈悲，便能讓自心無苦，體會到眾生有苦，而全心發起悲願，永遠廣度眾生。

阿難白佛：彼佛國土，壽量幾何？佛言：其佛壽命四十二劫。時，法藏比丘，攝取二百一十億諸佛妙土清淨之行。如是修已詣彼佛所，稽首禮足，遶佛三匝，合掌而住，白言世尊：「我已攝取莊嚴佛土清淨之行。」佛告比丘：「汝今可說，宜知是時，發起悅可一切大眾；菩薩聞已修行此法，緣致滿足無量大願。」比丘白佛：「唯垂聽察，如我所願，當具說之。」

阿難尊者又請教釋迦牟尼佛：「世自在王佛的國土，維持了多久？世自在王佛，住世多久？」釋迦牟尼佛說：「此佛的壽命有四十二劫。」

「劫」有小劫、中劫、大劫，此處的四十二劫是指大劫，這個時間是相當的長。根據佛經中的比喻：若人的壽命從八萬四千歲起，一百年減少一歲，少到人的壽命只有十歲時，這個過程叫作減劫；然後從人的壽命十歲開始，一百年增加一歲，增到人的壽命八萬四千歲時，叫作增劫。這段一減一增的時間過程，叫作一個小劫；二十個小劫，稱為一個中劫；四個中劫，稱為一個大劫。

一般的人所講的劫，指的是劫難，但是在佛經中所說的劫，指的是時間單位。例如世自在王佛壽命有四十二「劫」；法藏比丘見佛聞法，入甚深禪定中，經過五「劫」思惟，便攝取了莊嚴二百一十億諸佛妙土的清淨之行。

法藏比丘如說修行，圓滿之後，又回到世自在王佛的座下，頂禮佛足，右繞三遍，然後合掌立於佛前，稟告佛說：「莊嚴二百一十億諸佛國土的清淨之行，我都已經修持圓滿了。」世自在王佛就告訴法藏比丘：「好，你現在可以說出你怎麼修的，與大眾分享你的心得，使得一切大眾生歡喜心，這些聽到你報告的菩薩們，也會照著修行，滿足你的無量弘誓大願。」這些聽到法藏比丘報告他如何修行菩薩道的眾生，都是發心菩薩，也能因此修行「滿足無量大願」。

法藏比丘又稟告世自在王佛：「請佛慈悲，聽我宣說所發的殊勝大願，敬祈明察我所發的弘願，現在我就將四十八個大願，完全對佛說吧！」

四十八願

1. 設我得佛，國有地獄、餓鬼、畜生者，不取正覺。

這段為「無三惡趣願」。佛法將眾生法界分作十類，或為十個層次，總名為十法界。十法界中，又分凡、聖兩類：

（一）六凡法界：是世間的凡夫眾生，共有六個層次——天界、人界、阿修羅界、畜生界、餓鬼界、地獄界。六界又稱為六道或六趣，上三道為善趣，下三道為惡趣，又名為三塗。

（二）四聖法界：是出世間的大、小乘聖人，共有四個層次——聲聞、緣覺（又名獨覺）、菩薩、佛。此四層次的初二種，是小乘聖者，二者合稱，又名二乘聖者；後二種是大乘聖者，又名一乘聖者。

無量壽佛成佛之後的安樂世界淨土之中的眾生，都是已階不退轉位的聖者，所以無三惡道。

2. 設我得佛，國中人天，壽終之後，復更三惡道者，不取正覺。

此為「不更惡趣願」。一旦依佛願力，往生彼國的眾生，都是蓮花化生，雖有天人之相，但都能見佛聞法，得無生忍，不再退轉，當然不再由於業報而還墮三惡趣中了。

「人天」二字，在梵文本，稱為「那些往生我佛國的諸有情」。

3. 設我得佛，國中人天，不悉真金色者，不取正覺。

此為「悉皆金色願」。一般人的身體顏色，不外乎黃、白、紅、黑四種；在釋尊時代，除了佛本身（佛三十二相其中第十四相，便是「身金色相」）之外，僅有數人是金色的，例如「金色頭陀」摩訶迦葉及《金色童子因緣經》所載的大商主之子，身有金色，名為金色童子。但是無量壽佛的世界，所有眾生都從七寶蓮花化生，身相都是金色的。

4. 設我得佛，國中人天，形色不同，有好醜者，不取正覺。

此為「無好醜願」。在此娑婆世界的人相，由於各自的福德不同，長相就有好醜，心態時善時惡，面相也跟著時好時醜。但是西方淨土中的眾生，都有福德智慧、心地唯善無惡，所以形色都是莊嚴慈悲相。

5. 設我得佛，國中人天，不悉識宿命，下至知百千億那由他諸劫事者，不取正覺。

此為「宿命智通願」，之所以將神通稱為智通的意思，是聖者因悟而得的神通力，必與智慧相應；唯此界凡夫眾生，極少有神通能力又有智慧的。凡夫神通有五種：神足、宿命、天眼、天耳、他心，力量範圍均極有限；聖者則加一種漏盡通，稱為六通；羅漢具有天眼、宿命、漏盡的三明；佛則具足聖者的六通及羅漢的三明，稱為三明六通，或三達六通，唯有佛的神通究極無限不可思議。

一般凡夫的神通，可從修得，也可由報得，尚有的是鬼神附體而表現神通，都不能究竟，故不可靠，例如凡夫外道的宿命通，僅能知前生或未來的數世，能知數百千年者，已經極少，但也不知道其中的因緣，且未來事之因緣、因果變化不可思議，知了等於未知；更何況能知「百千億那由他諸劫事」，所以凡夫外道預言未來事，多半不可靠。若生西方淨土之後，人人都有宿命通的威力，勝過凡夫所有者，不可以道里計。

那由他是梵文 nayuta 的音譯，意為兆溝，是印度大數量的單位。

6. 設我得佛，國中人天，不得天眼，下至見百千億那由他諸佛國者，不取正覺。

此為「天眼智通願」。天眼通能照見六道之中遠近粗細的各種現象，俗所謂「千里眼」，僅見千里或數千萬里，連自己所處銀河系的世界狀況也不清楚。但是眾生到了西方淨土，所得天眼能見無量諸佛國土事。

7.設我得佛，國中人天，不得天耳，下至聞百千億那由他諸佛所說，不悉受持者，不取正覺。

此為「天耳智通願」。天耳通，能聞極遠聲、極小聲。西方淨土的眾生，能夠不動原處而親聞他方無量諸佛說法，並且同時悉皆受持。俗稱的「順風耳」，僅能聽到若干百千里外的聲音；即使今日人間的電台、電視、電腦，用電波傳遞聲音、影像，不僅尚未突破太陽系的範圍，更何況十方諸佛國土的諸佛說法之聲呢！

8.設我得佛，國中人天，不得見他心智，下至知百千億那由他諸佛國中，眾生心念者，不取正覺。

此為「他心智通願」。他心通能洞悉他人的心念之所思所想，一般凡夫外道的他心通，只能觀察當前某一個人的心中在想什麼，若當前某人處於定中，或處於無念的狀態，便不能知道此人的存在與否，也不能同時明察多人的心念活動。到了西方淨土的眾生，不僅無遠弗屆地知道十方佛國所有眾生的心念，也能同時明察無量佛國眾生的心念活動。

9. 設我得佛，國中人天，不得神足，於一念頃，下至不能超過百千億那由他諸佛國者，不取正覺。

此為「神境智通願」。神足通又名神境通，它的內容範圍很廣，凡能鑽天入地、騰雲駕霧、神出鬼沒、點石成金、呼風喚雨、撒豆成兵、變有成無、移山倒海等及所謂「十八神變」，都是神足通。「十八神變」出於《法華經》，包括：右脇出水、左脇出火、右脇出火、左脇出水、身上出水、身下出火、身上出火、身下出水、履水如地、履地如水、空沒在地、沒地於空、行於空中、住於空中、坐於空中、臥於空中、現大身滿虛空、現大復小。在《瑜伽師地論》也說有菩薩的十八種神變，項目與《法華經》所舉者略異，包括有放光、動地、制他、辯才等。

本經所說是指，往生到了西方淨土的眾生，能於一念之頃的短時間內，越過千百億那由他諸佛國土。如同阿彌陀佛以神足力，接引此界眾生往生彼國之際，雖經十萬億諸佛國土，也僅一念之頃而已。

10. 設我得佛，國中人天，若起想念，貪計身者，不取正覺。

此為「無有我想願」，即是得到六通之中的漏盡通，此願又名令不起漏染願，離諸妄想、我及我所等願，不起想念貪愛身願，不貪計身願，無貪著身願，也就是已經放下對於身體的執著，不起我想，從身見得解脫。若依梵文本，此願願文是說：「彼諸有情眾，往生我佛國土者，若於彼等自身，起少許執著相者，我於其間，不證無上正等覺。」

11. 設我得佛，國中人天，不住定聚，必至滅度者，不取正覺。

此為「住正定聚願」。本經卷下有云：「其有眾生，生彼國者，皆悉住於正定之聚。所以者何？彼佛國中，無諸邪聚及不定聚。」定聚，亦名正定聚，即是決定悟道的眾生群；邪聚是不信三寶的眾生群，不定聚是若遇善緣，即發菩提心，若不遇善緣也會造三惡趣業。

此願又名必至滅度願、證大涅槃願，故在梵文本中說：「若諸有情往生我佛國土而不皆至大圓寂，於正性決定者，不證無上正等覺。」

12. 設我得佛，光明有能限量，下至不照百千億那由他諸佛國者，不取正覺。

此為「光明無量願」。《阿彌陀經》有云：「彼佛光明無量，照十方國，無所障礙。」阿彌陀佛意譯既是無量壽佛，也是無量光佛，《觀無量壽經》中形容阿彌陀佛的蓮花作百寶色，有八萬四千脈，脈有八萬四千光，花有八萬四千葉，每葉之間皆有百億摩尼珠玉，每一珠皆放千光明。蓮花台有四寶幢，幢有五百億微妙寶珠，每一寶珠有八萬四千光。本經也說：「無量壽佛，光明顯赫，照曜十方諸佛國土。」又說：「無量壽佛，號無量光佛、無邊光佛、無礙光佛、無對光佛、炎王光佛、清淨光佛、歡喜光佛、智慧光佛、不斷光佛、難思光佛、無稱光佛、超日月光佛。其有眾生遇斯光者，三垢消滅，身意柔軟，歡喜踴躍，善心生焉。」

平常所用「佛光普照」，便可以用來形容阿彌陀佛以清淨、歡喜、智慧等光來利益眾生，除貪、瞋、無明之三垢，修戒、定、慧三無漏學的善心。

13. 設我得佛，壽命有能限量，下至百千億那由他劫者，不取正覺。

此為「壽命無量願」。阿彌陀佛號為無量壽佛，為度無量眾生，必具無量長的壽命。這也是代表著阿彌陀佛的悲願無窮，永遠給予眾生救濟。

14. 設我得佛，國中聲聞，有能計量，乃至三千大千世界眾生緣覺，於百千劫，悉共計挍，知其數者，不取正覺。

此為「聲聞無數願」。西方淨土中有極多的有情眾生，以聲聞、緣覺二乘聖者的出家身相，住彼國中，也像釋迦世尊在法華會上的諸大羅漢聲聞弟子，雖授成佛記莂，仍是聲聞身相。聲聞有四果位，入初果者，尚須天上人間七返生死，二果一返生死，至三果已，住不還淨居天，四果永出三界。但西方淨土於《阿彌陀經》所云：「彼佛有無量無邊聲聞弟子，皆阿羅漢，非是算數之所能知。」也就是說，西方彌陀淨土中的聲聞弟子，都是四果阿羅漢，沒有初、二、三果的聖者。

15. 設我得佛，國中人天，壽命無能限量，除其本願，脩短自在，若不爾者，不取正覺。

此為「人天長壽願」。彼國佛的壽命無量，往生彼國的眾生，也都能夠壽命無量；除非有的菩薩，已發本願，願意倒駕慈航，還入生死界中，度脫苦海眾生，那就隨其本願，壽命可長可短，自由決定。

16. 設我得佛，國中人天，乃至聞有不善名者，不取正覺。

此為「無諸不善願」。正如本經所說：「彼佛國土，無為自然，皆積眾善，無毛髮之惡。」《阿彌陀經》亦云：「彼佛國土，無三惡道。……尚無三惡道之名。」不僅沒有惡人惡事，連惡、不善之名也不會聽到。

17. 設我得佛，十方世界，無量諸佛，不悉諮嗟稱我名者，不取正覺。

此為「諸佛稱揚願」。在《阿彌陀經》中說十方諸佛（僅舉東、西、南、北、上、下六方）都稱讚阿彌陀佛的不可思議功德，不僅釋迦世尊讚歎阿彌陀佛名號，一切諸佛亦無不讚歎，故也將《阿彌陀經》稱為「稱讚不可思議功德一切諸佛所護念經」。

18. 設我得佛，十方眾生，至心信樂，欲生我國，乃至十念，若不生者，不取正覺。唯除五逆，誹謗正法。

此為「念佛往生願」。此願在彌陀淨土念佛法門的思想史上，非常重要。念佛法門在《觀無量壽經》提出的有觀想念佛、觀像念佛、實相念佛、稱名念佛；《阿彌陀經》說的是持名念佛。根據近代日本學者望月信亨考察梵文本的《無量壽經》所載念佛，是「隨念」、是「思惟念」，其所明示的「乃至十念」、「乃至一念」，是用意念思惟無量壽佛名號欲生彼國，即能如願往生。有關念佛法門的詳細討論及介紹，可參閱另一本拙作《念佛生淨土》。

至於願文所示「唯除五逆，誹謗正法」是說，除了犯五逆罪及誹謗正法罪者無法往生西方淨土之外，凡能信願念佛之人，不論有罪無罪、善多善少，都可往生彼國。然於《觀無量壽經》的「下品下生」往生條下，則又開慈悲的方便之門，而云：「或有眾生，作不善業，五逆十惡，具諸不善，如此愚人……臨命終時，遇善知識，……教令念佛，……具足十念，稱南無阿彌陀佛，……如一念頃，即得往生極樂世界。……是名下品下生者，是名下輩生想。」這是救了五逆重罪的人。至於誹謗正法者，若無悔意，即是邪聚眾生，若有悔意，即是不定聚眾生，遇善知識，種種安慰，為說妙法，教令念佛，仍可往生彼佛國土。

19. 設我得佛，十方眾生，發菩提心，修諸功德，至心發願，欲生我國，臨壽終時，假令不與大眾圍遶現其人前者，不取正覺。

此為「來迎接引願」。凡有眾生發了菩提心，並修諸功德，又至心發了往生阿彌陀佛極樂國土之願，臨命終時，必定得見阿彌陀佛在諸聖眾圍繞之下，前來接引，這是勉勵上輩及中輩往生的眾生。下輩眾生亦須發菩提心，一向專志，乃至十念，念無量壽佛願生其國，但是未能作諸功德。可見，發菩提心很重要，修諸功德也重要。

何謂「修諸功德」？依本經所云：「多少修善，奉持齋戒，起立塔像，飯食沙門，懸繒然燈，散華燒香。」若依《觀無量壽經》所云是修三福淨業；若依《阿彌陀經》所云是持名念佛。

20. 設我得佛，十方眾生，聞我名號，係念我國，殖諸德本，至心迴向，欲生我國，不果遂者，不取正覺。

此為「聞名係念定生願」。此在中國及日本的淨土信仰者之間，也極重要，重點是「聞名往生」及「係念往生」。一般所說的念佛，已如第十八願的解釋中介紹，十念乃至一念念佛，若願往生彼國者，皆得往生。此處則另有一願，「聞我（阿彌陀佛）名號」未必需要稱名、持名、觀想、觀像，只要「係念我（阿彌陀佛）國」土者，便得往生。

聞名起信，係念往生，殖諸德本，即得生彼國土，故日本的法然主張信願念佛，親鸞主張本願往生，法然尚以念佛工夫求生淨土，親鸞相信唯信佛的本願，便生淨土；在中國則有中峰明本編了一部《三時繫念》的淨土修行儀軌，主要是為度亡追薦。至於「殖諸德本」，便是以「修諸功德」為其根本。

21.設我得佛，國中人天，不悉成滿三十二大人相者，不取正覺。

此為「三十二相願」。諸經論中對於三十二相的次第排列，多少有些出入，一般的介紹，多依《大智度論》卷四的順序如下：1.足下安平立相，2.足下二輪相，3.長指相，4.足跟廣平相，5.手足指縵網相，6.手足柔軟相，7.足趺高滿相，8.伊泥延腨（腨）相，9.正立手摩膝相，10.陰藏相，11.身廣長等相，12.毛上向相，13.一一孔一毛生相，14.金色相，15.丈光相，16.細薄皮相，17.七處隆滿相（兩足、兩手、兩肩、項中），18.兩腋下隆滿相，19.上身如師（獅）子相（平整威儀嚴肅），20.大直身相，21.肩圓好相，22.四十齒相，23.齒齊相，24.牙白相，25.師（獅）子頰相，26.味中得上味相，27.大舌相（伸舌覆其面而至髮際），28.梵聲相（音聲清淨能聞於遠處），29.真青眼相，30.牛眼睫相，31.頂髻相（無見頂相），32.白毛相。另《大智度論》卷二十九又云：「三十二相有二種，一者具足如佛，二者不具足如轉輪聖王、難陀等。」依本經的第二十一願所示，生於極樂國土的眾生，無一不具三十二相。

22.設我得佛，他方佛土，諸菩薩眾，來生我國，究竟必至一生補處。除其本願，自在所化，為眾生故，被弘誓鎧，積累德本，度脫一切，遊諸佛國，修菩薩行，供養十方，諸佛如來，開化恆沙，無量眾生，使立無上正真之道，超出常倫諸地之行，現前修習普賢之德，若不爾者，不取正覺。

此為「必至補處願」。一生補處的菩薩，對於當前的娑婆世界而言，只有一位彌勒菩薩，現住在兜率內院，盡此最後一生的菩薩身分，便到人間降生成佛，來補釋迦牟尼佛所處之位置，因此又名「一生所繫菩薩」，是最高的菩薩位，轉生即補佛位，梵文 Ekajāti-Pratibaddha。

在西方極樂國中，像觀世音菩薩，將補阿彌陀佛的佛位，也是一生補處菩薩，可是彼土之中，誠如《阿彌陀經》所說：「極樂國土，眾生生者，皆是阿鞞跋致（不退轉），其中多有一生補處，其數甚多。」凡是往生彼國眾生，將來必定能至一生補處而終必成佛。

唯其若已發願，願為度脫眾生，遊諸佛國，修菩薩行，開化無量眾生，使之建立無上佛道者，便與一般的菩薩不一樣，未必要求早得一生補處，也未必要求早得成佛，那就與普賢菩薩的行願相同，普賢菩薩在《華嚴經．普賢行願品》共立十大願，願願都說：「如是虛空界盡，眾生界盡，眾生業盡，眾生煩惱盡，我讚乃盡，而虛空界乃至煩惱無有盡故，我此讚歎無有窮盡，念念相續，無有間斷，身、語、意業，無有疲厭。」由此可知，往生極樂世界的眾生之中，一生補處的大菩薩數量極多，能如普賢菩薩那樣發大弘誓，願待一切眾生度盡之後，方登一生補處位的大菩薩，數量也多。

23. 設我得佛，國中菩薩，承佛神力供養諸佛，一食之頃不能遍至無量無數億那由他諸佛國者，不取正覺。

此為「供養諸佛願」。往生彼國之後的菩薩大眾，都能承受阿彌陀佛的威神之力，於一頃飯食的時間之內，即能遍至十方無量諸佛國土，供養諸佛。《阿彌陀經》也說：「其國眾生，常以清旦，各以衣祴，盛眾妙華，供養他方十萬億佛，即以食時，還到本國，飯食經行。」由於這種信仰，迄至今日的佛教寺院，尚有朝食之前朝供養，中餐之前的午供養，唱誦觀想，供養十方諸佛菩薩乃至一切眾生；凡有佛事儀式，也必準備香花、燈燭、果品、飲食等供品，供養十方三寶。

若已往生極樂世界的菩薩大眾，就不至僅以唱誦觀想，乃是真的遍往十方佛國供養了。

24. 設我得佛，國中菩薩，在諸佛前，現其德本，諸所求欲供養之具，若不如意者，不取正覺。

此為「供具如意願」。此在梵文本的內容，相當詳細，是說極樂世界的菩薩們，為了向諸佛種植他們的諸種善根，所以起念現出種種供具，有黃金、銀、摩尼、真珠、琉璃、貝、石、珊瑚、水晶、牟娑羅寶、赤真珠等其他眾寶，或現出熏香、華鬘、塗香、燒香、抹香、衣服、傘、幢、燈，或現出舞伎、詠歌、音樂等，凡心中想到的，必能隨念辦到。

25. 設我得佛，國中菩薩，不能演說一切智者，不取正覺。

此為「說一切智願」，此願又名說一切智如佛願、說法如佛願。依《俱舍論》所言，一切智即是佛智，依《大智度論》所言，共有三智：1.聲聞、緣覺得一切智，2.菩薩得道種智，3.佛得一切種智。然依本經此願的梵文內容而言，稱為「一切智性」，乃是佛智；換言之，極樂國土的菩薩們，都能以佛智來演說法要。

26. 設我得佛，國中菩薩，不得金剛那羅延身者，不取正覺。

此為「那羅延身願」，又稱那羅延力願，或令得堅固身願。那羅延是一種大力天神的名稱，梵文 nārāyaṇa，譯為堅固力士、金剛力士，常以之譬喻佛及菩薩的威神勇猛、堅固大力。也就是說，蓮花化生的彼國眾生，身形都很高大而堅固有力，不像人間的身體，羸弱多病，無威神相。

27. 設我得佛，國中人天，一切萬物，嚴淨光麗，形色殊特，窮微極妙，無能稱量，其諸眾生，乃至逮得天眼，有能明了，辨其名數者，不取正覺。

此為「令物嚴淨願」。淨土之中，不僅眾生的身心莊嚴清淨，就是所有一切萬物，也都莊嚴清淨，並且光麗、殊勝，微妙的程度，縱然以彼土眾生的天眼來看，也無法稱量，無能識名、無能算數。

28. 設我得佛，國中菩薩，乃至少功德者，不能知見其道場樹，無量光色，高四百萬里者，不取正覺。

此為「見道場樹願」。道場樹是指佛在此樹之下成道，又名菩提樹。釋尊是在畢鉢羅樹下成道，不過數十丈高，將來彌勒佛則會在龍華樹下三會說法，這也是道場樹。阿彌陀佛的道場樹，固然莊嚴高大，其國菩薩亦能各自預知、預見其莊嚴高大的道場樹，有無量光明，無量顏色，高達四百萬里；梵文本說，此種樹的高度是千六百由旬那。

29. 設我得佛，國中菩薩，若受讀經法，諷誦持說，而不得辯才智慧者，不取正覺。

此為「得辯才智願」。辯才智慧，又名四無礙解、四無礙智、四無礙辯，是佛菩薩的說法智慧，共有四種：1.於教法無滯者為法無礙；2.於教法所詮釋的義理無滯者為義無礙；3.於諸方的語言辭句通達無滯者為辭（詞）無礙；4.以上面三種無礙智慧，為眾生樂說經法自在無滯者為樂說無礙。此處是說，彼國眾生都能具備四無礙辯的智慧，為眾生自在說法，了無滯礙。

30. 設我得佛，國中菩薩，智慧辯才，若可限量者，不取正覺。

此為「辯智無窮願」。辯才智慧，不可限量，既是無礙，當亦無限。

31. 設我得佛，國土清淨，皆悉照見十方一切無量無數不可思議諸佛世界，猶如明鏡，覩其面像，若不爾者，不取正覺。

此為「國土清淨願」。其國土清淨，猶如明鏡，能夠遍照十方一切諸佛世界，如於鏡中，自睹面像。也就是說，能以極樂世界，反映出一切佛國淨土。

32. 設我得佛，自地以上，至于虛空，宮殿樓觀，池流華樹，國土所有一切萬物，皆以無量雜寶，百千種香，而共合成，嚴飾奇妙，超諸人天。其香普薰十方世界，菩薩聞者，皆修佛行，若不爾者，不取正覺。

此為「國土嚴飾願」。此在《阿彌陀經》及本《無量壽經》中，另有更為詳細的文字描述介紹。

33. 設我得佛，十方無量不可思議諸佛世界眾生之類，蒙我光明，觸其體者，身心柔軟，超過人天，若不爾者，不取正覺。

此為「觸光柔軟願」。阿彌陀佛號稱無量光佛，不是世間所見由物質放射出來的電光、日光、月光、火光、燭光、螢光等有形有相的東西，而是佛的智慧光、慈悲光，乃是無形而有力的東西。眾生接觸到了之時，身的行為不再粗硬剛暴，心理的行為也會調柔平安，不僅對活著的人有用，對於亡者也有用。我們法鼓山所推動的臨終關懷，為剛往生者助念阿彌陀佛聖號，經常發現亡者的遺容，會由死灰色的恐懼痛苦相，轉變成紅潤的安寧微笑相。

34. 設我得佛，十方無量不可思議諸佛世界眾生之類，聞我名字，不得菩薩無生法忍、諸深總持者，不取正覺。

此為「聞名得忍願」。忍的意思是，心得安穩，不被任何事物所動。得「無生法忍」的菩薩，不會在任何事物現象上生起煩惱執著，那是初地以上的聖者所證境界。往生彼國的眾生，固然能得不退轉位，乃至一生補處位，即使未生彼國，而是住於任何一佛世界的所有眾生，凡能耳聞無量壽佛名號者，也都保證位登無生法忍的菩薩果位，並得一切深總持門。「總持」是梵文陀羅尼 dhāraṇī 之譯，持一切善而不失，除一切惡而不起，謂之總持。

35. 設我得佛，十方無量不可思議諸佛世界，其有女人，聞我名字，歡喜信樂，發菩提心，厭惡女身，壽終之後，復為女像者，不取正覺。

此為「不復女像願」。近代有女性主義者，見到此願願文，認為佛教歧視女性，輕賤女人身相，其實未必正確。此乃出於女身柔弱，容易遭受凌辱，多需男性保護，婦科的疾病也多，除了傑出的女中丈夫，多數女性往往也自甘雌伏；故在佛世的印度社會，女性處於弱勢，但在印度的宗教信仰之中，又將女神的地位強化，走向現實與信仰的兩極。

佛教原則上認為男女兩性是平等的，都能證阿羅漢的解脫聖果，都能成為偉大的菩薩；然而在成佛之時，乃是以三十二相的大丈夫身成等正覺，三十二相中的馬陰藏相，雖具男性的器官，卻不露於形體之外。至於在諸佛國土，除了東方阿閦佛國尚有男女同處，其餘諸佛淨土的眾生，既無男相，亦無女相，乃是中性；都從蓮花化生，既無男女的欲覺、欲想、欲事，當然也沒有男女身相的差別了。

此處所言是，「若有女人」「厭惡女身」者，聞無量壽佛名號，信樂而發菩提心，便能永不「復為女像」。也就是說，願生西方極樂淨土，並且自己厭惡女身者，便不再為女身；如果雖生極樂世界，並不厭惡女身，甚至發起本願，還入三界，以種種身相廣度眾生者，當不在此例，猶如觀音、地藏等大士菩薩，也常示現各種女人身相。

36. 設我得佛，十方無量不可思議諸佛世界，諸菩薩眾，聞我名字，壽終之後，常修梵行，至成佛道，若不爾者，不取正覺。

此為「常修梵行願」。凡是已聞無量壽佛名號的發心菩薩，命終之後，已生佛國，自然而然常修梵行，直至成佛，不再有男女間的性行為。「梵行」是梵天的清淨斷欲行，梵文brahma-caryā，永斷男女淫欲行為，如三果聖人所居五不還天的人天一樣。五不還天，又名五淨居天，即是無煩天、無熱天、善現天、善見天、色究竟天，都是梵行天。

人間眾生，唯有出家沙門，嚴持淨戒，稱為修梵行者。欲得上輩往生極樂世界，第一個條件，便是「捨家棄欲而作沙門」，也就是說，若不修梵行，便與上輩往生無緣。

37.設我得佛，十方無量不可思議諸佛世界，諸天人民，聞我名字，五體投地，稽首作禮，歡喜信樂，修菩薩行。諸天世人，莫不致敬，若不爾者，不取正覺。

此為「人天致敬願」。此願有兩個重點：1.諸天人民，聞無量壽佛名號，便能禮敬信樂，修菩薩行。2.諸天世人，聞無量壽佛名號，莫不致敬。在中國民間的確是如此，不論信不信佛教，凡是聽聞或眼見阿彌陀佛名號者，無不起敬。尤其信了佛教的人，都會五體投地，敬禮阿彌陀佛，五體投地是頭面、兩肘、兩膝全身著地的最敬大禮。

38.設我得佛，國中人天，欲得衣服，隨念即至，如佛所讚，應法妙服，自然在身，若有裁縫染治浣濯者，不取正覺。

此為「衣服隨念願」。欲界人天，都有思食得食、思衣得衣的福報，何況是極樂世界的眾生。極樂世界眾生的衣服，不但天衣無縫，也不用染，更不必洗、不必熨，隨心所欲，隨念變化，細緻、柔軟、美妙，非人間可比，亦非欲界人天所著者可比。

39. 設我得佛，國中人天，所受快樂，不如漏盡比丘者，不取正覺。

此為「樂如漏盡願」。「漏盡」是煩惱斷盡，功德法財不再漏失，有漏、有為、有染諸法全部滅除，這在小乘是阿羅漢位，大乘是八地菩薩。此處是說，生到彼國的眾生，所受離苦解脫之樂，猶如漏盡阿羅漢，羅漢已經斷諸煩惱，必現比丘相，故稱漏盡比丘；但往生彼國的人天眾生，未必定要現比丘相。

40. 設我得佛，國中菩薩，隨意欲見十方無量嚴淨佛土，應時如願，於寶樹中，皆悉照見，猶如明鏡，覩其面像，若不爾者，不取正覺。

此為「樹中普見佛土願」。與第三十一願類似，唯此願是從彼國寶樹中照見。《阿彌陀經》有云：「七重行樹，皆是四寶，周匝圍繞。」本《無量壽經》云：

「又其國土，七寶諸樹，周滿世界，金樹、銀樹、琉璃樹、頗梨樹、珊瑚樹、瑪瑙樹、車渠樹，或有二寶、三寶，乃至七寶，轉共合成。」此願是說，彼國每一棵寶樹之中，都能照見十方無量嚴淨佛土。西方極樂世界的眾多寶物，雖以地球世界人類所知者命名，看來似與人間的寶庫所藏相同，實則是僅用人間熟悉的物名，未必等同人間所見的物品，宜在象徵的意義，不在物品的同異。

41. 設我得佛，他方國土，諸菩薩眾，聞我名字，至于得佛，諸根缺陋，不具足者，不取正覺。

此為「諸根具足願」。「諸根」是指人類身體的六種器官，又稱為六根，便是眼、耳、鼻、舌、身、意。人間有人生而殘缺，有人由於災禍病傷而失去一根乃至數根的功能，有的生而醜陋，有的由於災禍病傷而毀失端正的容貌。若能聞得無量壽佛名號，一者生於西方彼國，官能面貌，永遠具足；二者現生已經殘缺，也能恢復改善。這是很有可能的，若以信心誠心念佛，必有奇蹟出現，而且相隨心轉，心中有佛，諸根愉悅。

42. 設我得佛，他方國土，諸菩薩眾，聞我名字，皆悉逮得清淨解脫三昧，住是三昧，一發意頃，供養無量不可思議諸佛世尊，而不失定意，若不爾者，不取正覺。

此為「住定供佛願」。「三昧」梵文 samādhi 即是定，此願的「清淨解脫三昧」，梵文本作「普至定」。意謂若聞阿彌陀佛名字，便得如是深定；住於定中，不失定意，只要一發心意，立即便能供養無量諸佛。

43. 設我得佛，他方國土，諸菩薩眾，聞我名字，壽終之後，生尊貴家，若不爾者，不取正覺。

此為「生尊貴家願」。依據梵文本的此願，是說：「若餘諸佛國諸菩薩眾，聞我名號，以此所具善根，達於至覺（成佛），皆得生於尊貴之家。」所謂尊貴之家，應指國王、大臣、宰官的宮廷府邸。例如法藏比丘，即為國王出家，釋迦世尊也是王子出家，都是生於尊貴之家而捨棄尊榮，出家修行的好例子。

44. 設我得佛，他方國土，諸菩薩眾，聞我名字，歡喜踊躍，修菩薩行，具足德本，若不爾者，不取正覺。

此為「具足德本願」。在梵文本的「具足德本」是作「俱行善根」，意思是說，他方諸菩薩眾，聞阿彌陀佛名字，便能歡喜地修行菩薩行，成熟諸善根。

45. 設我得佛，他方國土，諸菩薩眾，聞我名字，皆悉逮得普等三昧，住是三昧，至于成佛，常見無量不可思議一切如來，若不爾者，不取正覺。

此為「住定見佛願」，與第四十二願的「住定供佛」，有類似處。此願的「普等三昧」，梵文本稱為「善分別語定」，而且不是住於定中見無量數佛，乃為「諸菩薩住於定中，於一剎那言說間，供養無量無數不可思議不可稱不可量諸佛」。

46. 設我得佛，國中菩薩，隨其志願，所欲聞法，自然得聞，若不爾者，不取正覺。

此為「隨意聞法願」。生於極樂世界的菩薩大眾，隨其心願所喜，隨時隨地都可聞得他們想聞的佛法。因為《阿彌陀經》有云，極樂國中的「種種奇妙雜色之鳥」都在「演暢五根、五力、七菩提分、八聖道分」，乃至「微風吹動，諸寶行樹，及寶羅網，出微妙音，……聞是音者，自然皆生念佛、念法、念僧之心」。《無量壽經》也說：「自然德風，徐起微動，……吹諸羅網及眾寶樹，演發無量微妙法音。」可見彼國眾生，隨時、隨處、隨物，均有隨意聞法的福報。

47. 設我得佛，他方國土，諸菩薩眾，聞我名字，不即得至不退轉者，不取正覺。

此為「聞名不退願」。他方世界的諸菩薩眾，若聞彌陀名號，立即獲得不退轉位。

48.設我得佛，他方國土，諸菩薩眾，聞我名字，不即得至第一、第二、第三法忍，於諸佛法，不能即得不退轉者，不取正覺。

此為「得三法忍願」。他方世界的諸菩薩眾，只要一聞阿彌陀佛的名號，立即能得一、二、三法忍。

何謂三法忍？《無量壽經》有云：「又無量壽佛，其道場樹，高四百萬里，其本周圍五千由旬，枝葉四布二十萬里，一切眾寶，自然合成……若彼國人天，見此樹者，得三法忍：一者音響忍，二者柔順忍，三者無生法忍。」「聞其（樹）音者，得深法忍，住不退轉，至成佛道；……目覩其色、鼻知其香、舌嘗其味、身觸其光，心以法緣，皆得甚深法忍，住不退轉，至成佛道。」

依據隋代淨影寺慧遠的《無量壽經義疏》卷下，解釋此三法忍的意思說：「慧心安法，名之為忍。忍隨淺深差別為三，次列三名：尋聲悟解，知聲如響，名音響忍，三地已還；捨詮趣實，名柔順忍，四、五、六地；證實離相，名無生忍，七地已上。」意思是說：已得無我的慧心，便安住於真實法，名為忍，共分深淺三種：1.三地以前的菩薩，尋法音而悟者，名音響忍；2.四、五、六地的菩薩，已能捨去義解詮釋而直悟實相者，名柔順忍；3.七地以上的菩薩，已證實相離相，名無生法忍。無生法忍的程度，有說是初地以上，此說是七地以上。

也有人依《仁王般若經》的伏忍、信忍、順忍、無生忍、寂滅忍的五忍，來配本經的一、二、三忍，這卻未必正確。因此，唐朝的璟興所撰《無量壽經連義述文贊》卷二，依《瑜伽師地論》卷四十七的下、中、上三忍之說，而對不同的看法有所指正：1.對於慧遠所說，不以為然，因為初地以上，皆已證入實相，應該不再有尋聲趣實之異。2.對於配合《仁王般若經》五忍說的地前三賢及十地，而釋三忍，因為伏忍是地前三賢位，尚未入初、二、三地，本經音響忍是三地已還，故也未妥當。

以璟興的看法，本經所說三忍，都是初地以上菩薩，故云：「今即尋樹音聲，從風而有，有而非實故，得音響忍；柔者無乖角義，順者不違空義，悟境無性，不違於有而順空故，云柔順忍；觀於諸法生，絕四句故，云無生忍。」依本經卷下的經文所說，則云：「其鈍根者，成就二忍，其利根者，得不可計無生法忍。」

四十八願願文，略解如上，所引梵文資料，係參考《望月佛教大辭典》四十八願條的介紹。

縱覽四十八願的內容，重點約有八項：

（一）莊嚴佛土成熟眾生。
（二）本願弘深悲智無量。
（三）無一眾生不得度脫。
（四）無一眾生不成正覺。
（五）信、願、念佛具德，往生彼國。
（六）聞名發心皆得不退。
（七）三輩、三聚、三忍全收，凡聖因果。
（八）以有境有物為接引方便，以無生無性為究竟歸趣。

依願修行

建此願已，一向專志，莊嚴妙土。所修佛國，開廓廣大，超勝獨妙，建立常然，無衰無變。於不可思議兆載永劫，積殖菩薩無量德行。不生欲覺、瞋覺、害覺。不起欲想、瞋想、害想，不著色、聲、香、味、觸之法。

這段經文，是敘述法藏比丘已經發了四十八願，依願而修，所以叫作「建願」。「一向專志，莊嚴妙土」，是心無旁騖地依願修行，以此修行功德來莊嚴佛國淨土。

「所修佛國」，是指法藏比丘依願所建立的安樂國土，在那個國土中的環境，「開廓廣大」，無有邊涯，處處都是黃金為地，樣樣都是七寶所成，不論動物、植物，一切景物，都在念佛、念法、念僧，所以稱為「超勝獨妙」。我們這個世間經常是變化不定、盛衰無常的，所以不可靠，而極樂世界永遠是常住自然的。

「不可思議兆載永劫」，是指世自在王佛的國土有四十二劫的壽命，而阿彌陀佛的極樂世界從建立成功到現在已經十劫，將來還有不可思議兆載永劫，繼續積植菩薩的無量德行。這是阿彌陀佛自己修行無量菩薩行，為了建設這樣的世界，也為生到安樂國土的所有眾生，提供這樣一個環境，讓他們也來積植無量的德行，修菩薩行，便沒有什麼煩惱會障礙他們了。

「不生欲覺、瞋覺、害覺」的「覺」字，舊譯為覺觀，新譯為尋伺，梵文vitarka，有兩種意思：1.悟道，2.妄心；此處是指第二種。《成實論．覺觀品》云：「若心散行，數數起生，是名為覺。又散心中，亦有麁細，麁名為覺。……又散亂心，名為覺觀。」由此可知，散亂心與欲、瞋、害相應，名為欲覺、瞋覺、害覺。《雜阿含經》卷十六也說：「告諸比丘，汝等莫起貪覺覺，莫起恚覺覺，莫起害覺覺。……當起苦聖諦覺、苦集聖諦覺、苦滅聖諦覺、苦滅道跡聖諦覺。……正智正覺，向於涅槃。」

「不起欲想、瞋想、害想」的「想」字，是五蘊之一、十大地法之一，也是五遍行之一，於「受」之後，對境而取差別相。《入阿毘達磨論》卷上有云：「於青黃長短等色……男女等法相名義中，假合而解。……名為想。」它是「為尋伺因，故名為想」；若隨所依六根的觸受而起差別相，名為六想身。

依據唐朝璟興所撰《無量壽經連義述文贊》卷中，對此三覺、三想的解釋為：「不生欲、嗔、害覺……覺者，尋也。……取境分齊，方生欲等故。」「不貪名利故不生欲覺，不惱眾生故不生嗔覺，不損物命故不生害覺。三覺不生，必絕三想，故亦兼之。內因既離，外緣斯止，故云不著色等。」

以此可知，覺是觸受六塵的因相，想是觸受六塵的果相，因果分明而又俱起。欲、瞋、害的三個項目，是凡夫眾生經常有的煩惱相，初基於自私自利，其結果卻是自害害他。聖者菩薩，由於積植無量德行，身處佛國淨土，煩惱自然不起。

「不著色、聲、香、味、觸、法」，不著就是不執著，就是《金剛經》所講的心無所住的意思。

色、聲、香、味、觸、法是六塵，六塵對眼、耳、鼻、舌、身、意六根，根塵相觸，產生心理現象，叫作眼、耳、鼻、舌、身、意的六識。如果六識不依六根而執著六塵，世間便不會有欲覺、瞋覺、害覺，也沒有欲想、瞋想、害想。如果面對六塵世界，內心不會產生喜歡、討厭或欣求的心理反應，便是不執著。

能夠做到不執著六塵境，就和經文中所說的不生欲覺、瞋覺、害覺，不起欲想、瞋想、害想，是完全相應的。

忍力成就，不計眾苦，少欲知足。無染恚癡，三昧常寂，智慧無礙。無有虛偽諂曲之心，和顏軟語，先意承問。勇猛精進，志願無惓，專求清白之法，以慧利群生；恭敬三寶，奉事師長，以大莊嚴，具足眾行。

難忍能忍，就不會計較受任何的苦，少欲知足，就不會有欲染、瞋恚、愚癡；所謂「染恚癡」，就是貪、瞋、癡，就是三毒。「三昧常寂」，就是經常住於三昧之中；三昧的意思是即定即慧，以無私無我的心，修成任何一種法門，都叫作三昧；常寂的意思就是心中煩惱不生不滅。「智慧無礙」，是指煩惱不能障礙自己，那是由於智慧洞燭而任運無礙。「無有虛偽諂曲之心」，是因到了無欲無求程度的人，不會有虛偽心，不會有諂媚心，不會有扭曲的心。「和顏軟語」，是任何人都喜歡接受的，軟語就是要講安慰、勉勵、讚美、尊重人的話，使人聽了有如沐春風的感覺。

「先意承問」，是主動先向人問好，以對方的意見為意見，以對方的想法為想法，以對方的希望為希望來慰問；四攝法的布施、愛語、利行、同事，都是以先順著對方的意思來切入，然後再來轉變他，讓他接受佛法的利益，讓他感覺到很高興。

「勇猛精進，志願無惓」，就是照著他法藏比丘自己所發的大願，持續不懈地精進修行，而不厭倦。

「專求清白之法」，就是專修清淨的佛法，包括四聖諦、八正道、三無漏學、六度、四攝等正法，清白之法也就是用正信、正確的佛法，嘉惠利益眾生。

奉行佛法的法藏比丘，當然也要恭敬三寶，奉事師長，以大悲行來莊嚴自己。具足一切修行法門，就是具足菩薩的千行萬行。我們法鼓山稱呼發心的義工群為「萬行菩薩」，就是希望大家都發願要廣修六度、具足萬行的意思。

令諸眾生，功德成就，住空、無相、無願之法，無作、無起，觀法如化。

法藏比丘發願之後，一面建立他自己的無上功德，同時也使得所有一切眾生，功德成就，修滿六度萬行，解脫生死，乃至成佛。

空、無相、無願的三三昧，亦名三解脫門。能夠實證「空」性，就能解脫煩惱，出生死海。能夠實證「無相」，就能解脫生死煩惱之苦。「無願」則是已經不用發阿耨多羅三藐三菩提願，卻又任運自然，不離無上菩提的弘願之力；也就是說，已得大解脫的諸大菩薩，已經發過無數弘願，而且已與弘願化合為一，自然實行，卻不必再作意發願。

實證三解脫門的人，便能具足「無作、無起」的功德。「無作」，是不假造作，又名無為；具縛凡夫，因有執著，所以都是有作有為，解脫的聖者，一切是自自然然，如法修行，而無執著，是故名為無作無為；因此，稱為無作解脫門，亦即是三三昧解脫門中的無願解脫門。

至於「無起」，是三解脫門的結果，乃是「無生」之意，因果無起，即名無生。亦名無記、無生法忍、無記法忍。慧遠所著《無量壽經義疏》有云：「無因可生，名云無起，故《維摩》云：雖行無起而起善行。故知無起約因以說。」根據《大智度論》卷五十云：「無生法忍者，於無生滅諸法實相中，信受通達，無礙不退。」同書卷八十六云：「乃至作佛，常不生惡心，是故名無生忍。」至於何種程度得證無生法忍呢？《大乘義章》卷十二云：「如龍樹說，初地已上亦得無生，若依《仁王》及與《地經》，無生在於七八九地。」天台智顗《觀無量壽佛經疏》則云：「無生忍是初住初地。」以此可知，依三解脫門而證無生法忍，至少是初地以上的聖位菩薩，也就是已證一分法身理體的法身大士了。

至於「觀法如化」的意思是說，已證無生法忍的聖者，以無我、無相、無著的空慧，觀照一切諸法現象，無非如幻如化，是依一切眾生的業力果報化現，也是由諸佛菩薩的願力神通化現，無有一法是真實不變的。

遠離麁言，自害害彼，彼此俱害。修習善語，自利利人，彼我兼利。

這是用語言所作的修行。我們通常把出言不遜，叫作造口業，其實造口業有善、不善之別，善的口業造了以後可以往生西方淨土，惡的口業造了以後，就要受三惡道的果報。

「麁言」就是跟威儀不相應的粗俗語、流俗語、低俗語。低俗語，就是聽起來好像沒有受過教養、沒有品德的人講的話。流俗語則是一種俏皮的流行話，有的是從外國傳進來的，有的是本土新流行的，電視上、廣播中，以及娛樂的文宣中，都可以聽到這些時髦而不是雅俗共賞的流行語。粗俗語是講髒話、臭話、諷刺話、謾罵的話。這三種俗語，我們都要盡量避免。

「自害害彼」的意思是，對自己不利對他人有害，譬如惡言罵人，用粗魯話傷人，其實在損傷他人的同時，也有損自己的品德；而且你罵了別人，人家也會回罵你，可能還加倍奉還，所以是「彼此俱害」。釋迦牟尼佛曾經對罵人者有兩個比喻：一是如仰面對天吐唾，結果掉下來，自汙其面。二是像逆著風掃地，揚起的灰塵，會飛回自己的身上。相反地，若是「修習善語，自利利人」，用勉勵的、鼓勵的、安慰的、讚美的、恭敬的語言，不僅對他人有益，也對自己有利。

佛經裡有一則故事：有兩個人各自趕著一頭牛，拉著車子上坡，其中一人對他的牛是訶斥、謾罵、侮辱、恐嚇說：「你這條死牛、笨牛、懶牛，趕快努力啊！再不拉上坡去，我就要揍你了，再不努力的話，我就要殺掉你了。」這頭牛聽了以後覺得，反正已被貼了標籤，又笨又懶，而且弄不好就要被殺、被打，因此想要用力也使不出勁來，結果這頭牛就乾脆跪下來不拉車了。另外一人，對他的牛講的是好話：「你是頭乖牛、好牛、大力牛，你是我的心肝寶貝，你已幫了我好多忙，你一定可以拉得上去的，我相信你一定可以；我現在也幫你的忙，我們兩個一起共同努力。」他把牛當成自己的朋友來看，所以他的車子很快就被拉上了坡。

在佛經中這則故事，對牛尚且應該用善語、愛語、勉勵語、恭敬語，何況是對人呢？這就是「敬人者人恆敬之，愛人者人恆愛之」的道理。就算是對天天見面的先生、太太、孩子、同事、屬下，也都應該用敬語，如果隨便慣了，叫丈夫為「我家的死鬼」，叫小孩子為「我家的小鬼」，稱太太是「我家的黃臉婆」，當然不好了。

棄國捐王，絕去財色，自行六波羅蜜，教人令行。無央數劫，積功累德。隨其生處，在意所欲。無量寶藏，自然發應。

這是法藏比丘在發了四十八願之後所作的修行。他於身為國君之時，能夠捨棄自己的國家、王位，以及所有的財物，包括男女愛欲，全部放下，然後才能以清淨的身、口、意三業，修持六波羅蜜，而登彼岸。六波羅蜜就是六度，那就是布施、持戒、忍辱、精進、禪定、智慧。

他不但自己修六波羅蜜，同時也教導他人一同修行六波羅蜜，經過很長很長的時間，累積了相當多的功德。因此不管他生在哪一個地方，都能夠如意自在，都能自然擁有無量寶藏，隨意所欲，應其所需，用以上供三寶，成就道場、成就眾生，而他的所需，不是為自己，是為眾生。

教化安立無數眾生，住於無上正真之道。

「教化」是以佛法教導感化眾生，去惡向善，《法華經．方便品》有「諸佛如來，但教化菩薩」之句。用佛法來教導、淨化眾生心身語言的行為，使得眾生能夠感到有安全保障，心中不會惶恐、憂愁、無奈，那就叫作「安立」，最後都能成佛。《勝鬘寶窟》卷上末云：「始建曰安，終成為立。」要讓無數眾生安立於無上的正真之道，就是希望眾生都能發無上菩提心，然後安住於正真的佛道。

我經常都是這麼說：「人不能沒有大悲願心。」用現代語言來講就是人應該有一個生命的大方向，這個方向就是將來一定要成佛，也就是發無上菩提心，也唯有如此，才能夠安住於無上正真之道；否則隨時可能改變自己的信仰，也會改變自己的人生方向。

「正真之道」是對相似佛法及偽冒的佛道而言。諸位來聽經聞法，雖然所學的是正真之道，但如果發心不正確，不是為求正真的佛道而來，也沒有菩提心的話，一旦遇到外在的因緣誘惑，或者有人給你打擊、造謠、刺激，這時候你可能會說：「我信其他的宗教，也許不會這麼痛苦，我還是離開吧！」這就是沒有接受正法的教化，不能安立，也不能住於無上正等正覺之道。

> 或為長者居士，豪姓尊貴，或為剎利國君，轉輪聖帝，或為六欲天主，乃至梵王。常以四事，供養恭敬一切諸佛，如是功德不可稱說。

法藏比丘發了四十八個大願之後，為了成就無上菩提，為了成就他的四十八願，為了嚴土熟生，所以在他的修行過程中，不完全是做出家人，有時候是做長者居士、豪姓尊貴等各種人，或各種天神。這與觀音、地藏等諸大菩薩，以各種身相化度眾生相同。

長者居士也就是仕紳賢達，依《法華文句》卷五，「長者」有三種：1.世間長者，姓貴、位高、大富、威猛、智深、年耆、行淨、禮備、上歎、下歸。2.出世長者，佛從三世真如實際中生，功成道著，十號具足，乃名出世佛大長者。3.觀心長者，觀心之智從實相出，三惑不起，雖未發真，是著如來衣，稱寂滅忍，名為觀心長者。此處經文是指第一種的世間長者。

「居士」的梵文 grha-pati，音譯迦羅越，是指居財之士、居家之士、居家修學佛道之士。慧遠的《維摩義記》卷一云：「居士有二，一廣積資產，居財之士名為居士；二在家修道，居家道士，名為居士。」然於《十誦律》卷六云：「居士者，除王、王臣，及婆羅門種，餘在家白衣，是名居士使者。」在中國佛教，泛指在家佛子稱為居士，例如白居易為香山居士，蘇軾為東坡居士。

「豪姓」就是豪門大姓，凡是有錢、有勢、有地位的家族出身者，就是豪姓。「尊貴」是指在古印度階級中的婆羅門、剎帝利、轉輪聖帝，這些身為宗教師、國王、大臣的人，是世間極尊貴者。古印度實行種姓制度，分成四大階級：第一階級是婆羅門，是為宗教師；第二階級是剎帝利，是做國王、大臣、官吏；第三階級是吠舍，是工、商、農；第四階級是首陀羅，是奴隸，社會階級最低。這裡所指的宗教祭司階級、國王、轉輪聖王，都是世間的豪姓尊貴。

「轉輪聖帝」亦名轉輪聖王，以輪寶為兵器，飛行空中，降伏四方。輪王又有金、銀、銅、鐵四等，分別統治須彌山四周的四大部洲、三洲、二洲、一洲，是萬國國君的王中之王。

「六欲天主」，是指欲界中有六個層次的天主。佛經裡將眾生所居之處分為三階，稱為三界：欲界、色界、無色界。欲界的天、人、阿修羅、畜生、餓鬼、地獄，共稱六道，欲界天屬六道的最上一層。欲界天之中也分成六個層次：四天王天、忉利天、夜摩天、兜率天、樂變化天、他化自在天。向上尚有色界十八天、無色界天的四個層次。欲界天是以五欲的享受為主，並以五欲享受的多少，以及五欲享受的時間長短而區隔成六個層次，每一個天都有天主。到了色界以上，則是以禪定程度的深淺來區別。

「梵王」又名大梵天王，是色界初禪天的天主，又以大梵天王，通名色界十八天的天主。他自稱是宇宙的創造主，有點像是天主教的天主；印順法師在他的著作中，也這麼認為。

發了四十八願以後的法藏比丘，除了不斷以種種身分來修行菩薩道之外，還常以「四事」恭敬供養一切諸佛，如是的功德不可稱說。四事有兩類：1.衣服、飲食、臥具、醫藥；2.房舍、衣服、飲食、湯藥，這是對比丘、比丘尼眾的四事供養，甚至包括一切吃的、用的、觀賞的，不管是什麼，凡是人間需要的、人間喜歡的，都拿來供養諸佛。

供養的意思有兩層：一種就是要有能捨、喜捨的心，以此積功累德；第二種則是對於尊貴的人，特別是對三寶的見賢思齊，在供養清淨僧眾，以及諸佛菩薩的時候，希望自己也能夠學習著怎樣度眾生，怎麼修菩薩行。供養不僅僅是只對一尊佛，而要平等供養、永遠供養一切諸佛，故其功德之大，不可以言詞稱說。諸佛未必需要眾生供養，眾生修行則必須供養諸佛。

我在年輕時很少人供養我，卻有我的長輩長老法師給我生活用物；現在我老了，就有很多人透過我而供養三寶，我就把這些財物用來培養後進，弘化利生。所以恭敬供養諸佛，實際上就是為了弘揚佛法、利益眾生。

所以供養諸佛的功德，也有兩種：一是對諸佛表敬，二是透過諸佛而利益一切眾生，因此要說：「如是功德不可稱說。」

口氣香潔，如優鉢羅華。身諸毛孔，出栴檀香，其香普熏無量世界。容色端正，相好殊妙，其手常出無盡之寶，衣服飲食，珍妙華香，繒蓋幢幡，莊嚴之具。如是等事，超諸人天。於一切法，而得自在。

因為法藏比丘修了以上的功德，所以得到如此的果報。這裡講的果報，都是種種莊嚴福德之相。

「口氣香潔，如優鉢羅華」，凡夫的口氣，若不經常漱口，或者有了疾病之時，胃悶腸熱、舌苔厚積，或者牙齒不潔，總會有臭味隨著呼吸吐出；但大修行者，口中常出香氣，牙齒常保潔淨，且如優鉢羅華（花）一般，此花譯為青蓮花，又為紅蓮花。但在《大日經疏》卷十五云：「優鉢羅，亦有赤白二色，又有不赤不白者。」此花有淡雅的清香飄逸。

「身諸毛孔，出栴檀香」，凡夫的全身毛孔，都會排泄汗液，有腥臭味；大修行人的毛孔，出有栴檀香味，有很多高僧們，都有這種莊嚴相。記得我在大陸的時候，上海有一位興慈老法師，他天天禮佛、四季不洗澡、很少換衣服，但是身上沒有汗臭味，不會讓人家感覺到他身上不乾淨。另外還有弘一大師，他的房間裡，從來不燒香，可是進入他的房間，可以聞到一股幽幽的檀香味。不過法藏比丘的這種香氣，能夠「普熏無量世界」，這又不是一般高僧的境界了。

「容色端正，相好殊妙」，是說他的面容像滿月，看到他的面容具有莊嚴相、福德相、智慧相、慈悲相，會讓人五體投地，感覺好像見到了佛、見到了大菩薩那樣的相好殊妙。面容有的是生得的，有的是修得的。生得的是指，生出來就具有堂堂的丈夫相，就有福德的智慧相。修得的是指，靠自己的修行而轉變自己的相貌；一個有慈悲心、有智慧的人，他的相貌就會轉成福德智慧相。故於《觀無量壽經》有云：「心想佛時，是心即是三十二相，八十隨形好。」

通常所說的「相好」，是指三十二大人相、八十種隨形好，但在《觀無量壽經》又云：「無量壽佛有八萬四千相，一一相中各有八萬四千隨形好。」轉輪王亦有三十二相，唯不具好。相為外形，所謂好，是依外形而表現的微妙莊嚴。《法界次第初門》卷下有云：「相總而好別，相若無好，則不圓滿，輪王、釋、梵，亦有相，以無好故，相不微妙。」釋迦佛的應化身丈六金身，有三十二相、八十隨形好；佛的真身（報身）千丈，具八萬四千相乃至無量相好。

「其手常出無盡之寶」，手上可以要出現什麼就出現什麼，這叫作神足通，能夠千變萬化變現所有一切眾生所需要的東西。請問大家能夠做得到嗎？事實上要看我們是不是願意做，想不想做；如果不想做，不願意做，這雙手就是無能的手。如果想要做，願意做，有這個願心，就能使你的手變成寶手，不會的去學習，沒有的去生產，那便能夠要什麼就有什麼了。衣服是人做出來的，飲食是人調出來的，珍寶是人製造出來的，今天人類所用的物品，都是技術巧思生產的，只要多用頭腦，就能化腐朽為神奇了。凡夫的雙手未必萬能，但也必有所能，若是不願意做，便成無能。法藏比丘發願修行到了這個程度，他的福德、他的智慧、他的能力，更有神妙不可思議的作用了。

法藏菩薩的雙手，常出無量眾寶，包括「衣服飲食，珍妙華香，繒蓋幢幡，莊嚴之具」。其中的衣服及飲食是生活的必需品，可粗可細；其餘精妙華麗的，則為供佛的莊嚴用品。「華香」是優鉢羅華香、栴檀香，尚有種種上妙燒香、塗香、抹香。「繒蓋」是以絹布製作的大蓋，懸於佛菩薩頭頂的上空以表莊嚴。「幢幡」是旌旗的一類，本來「幢」的梵文是dhvaja，是突出於高竿頭上，用種種絲帛下垂，建於佛前，用以彰制諸魔而外導群迷。「幡」的梵文是patākā，是莊嚴諸佛威德的標幟，猶如大將之有旌旗，所以幡也是旌旗的總稱；至於「幢幡」二字並用，是指於高竿之頂端安置珠寶，並以種種綵帛莊嚴，再以長帛下垂。此在敦煌壁畫的諸種「經變」圖中都有表現，中國的禪寺比較沒有採用，密乘的寺院莊嚴，則是常見的法物。

「如是等事，超諸人天」，是說法藏菩薩用來供養諸佛的生活用品及莊嚴用品，其精妙的程度，縱然是諸天天帝所供，也比不上、辦不到的。

「於一切法，而得自在」，法藏菩薩的智慧、福德、神通，廣大無礙，所以可於諸法獲得自在，這已是佛的境界了，例如《法華經．譬喻品》云：「我為法王，於法自在。」《維摩經．佛國品》云：「已於諸法得自在，是故稽首此法王。」唯有佛，始得被尊為法王，故此處所說的已是阿彌陀佛。

在「依願修行」的經文之後，有一大段是介紹無量壽佛安樂世界的依正莊嚴，包括眾寶所成的國土之中的種種植物、供具、觀賞物、水流、氣溫、音響、歌伎、天人、菩薩、聲聞的衣食住等的寶衣、玉食、寶宮，諸種寶光，諸種寶花，諸種芳香，諸種不可思議莊嚴，在此便從略不解說了。

眾生皆住正定之聚

佛告阿難：其有眾生，生彼國者，皆悉住於正定之聚。

此四句經文，是釋迦世尊告知阿難尊者，凡是發願往生到安樂國土的眾生，都是住正定之聚的人。正定聚，是相對於邪聚及不定聚而言。

若以善根的有無深淺而論，一切眾生，分為三聚：1.決定證悟正道者為正定聚，2.決定不悟正道者為邪聚，3.緣在二者之間，隨緣或悟者為不定聚。《俱舍論》卷十云：「正邪不定聚，聖造無間餘。」是說初果聖者以上為正定聚，造五無間地獄業者為邪聚，在此二者之間而修行七方便者為不定聚，這是小乘之說。大乘之三聚說，則有多種，如《大智度論》、《釋摩訶衍論》等，各有不同的說法，若依《釋摩訶衍論》所說是：十聖為正定聚，三賢為不定聚，其餘凡夫為邪聚。依《阿彌陀經》說彼國眾生，皆不退轉，多是一生補處，故悉住於正定之聚。

為什麼往生極樂世界的眾生都住於正定之聚呢？我們這個世界的凡夫眾生，心多散亂，向外攀緣，受環境的影響而起伏動搖，此所謂心隨境轉，不能自主。到了阿彌陀佛的安樂國土，一切設施，清淨莊嚴，一切音聲，念佛、法、僧，眾生的心，寧靜穩定，外在的環境、內在的心境，都與三十七道品相應，信願具足，決定悟道，所以住於正定之聚。

所以者何，彼佛國中，無諸邪聚及不定之聚。十方恆沙，諸佛如來，皆共讚歎，無量壽佛威神功德，不可思議。諸有眾生，聞其名號，信心歡喜，乃至一念，至心迴向，願生彼國，即得往生，住不退轉。唯除五逆，誹謗正法。

在彼佛國中，沒有邪聚及不定聚眾生，也沒有不發無上菩提心的眾生；發願度一切眾生的大菩提心，乃是成佛的正因。

依據三聚差別，阿彌陀佛世界所住的眾生，都是聖人眾，沒有凡夫眾，所以《阿彌陀經》說他們為「諸佛之所護念」，《無量壽經》則云：「十方恆沙諸佛如來皆共讚歎」。

「威神功德，不可思議」是說阿彌陀佛的威神，以及功德之力，不是可以想像說明的。

「乃至一念，至心迴向」是說，所有眾生，聽到無量壽佛的名號，就能夠生起信心及歡喜心，乃至只要一念之間，至心迴向，發願往生彼佛國土，此人即得往生彼國。這樣即可往生彼佛國土，的確非常容易，所以《十住毘婆沙論．易行品》稱往生彌陀淨土的法門為易行道。

「一念」可有二意：1.散亂心的一念。2.專注心的一念。若依「至心迴向」而言，是指專注心的一念。「迴向」者，迴是迴轉，向是趣向，約有二義：1.往相迴向：以自己的功德，迴施一切眾生，共生安樂國土。2.還相迴向：往生彼土已，成就一切功德，還來迴入生死稠林，教化一切眾生，同生安樂國土。但在《大乘義章》卷九云：「言迴向者，迴己善法，有所趣向。」此處經文的至心迴向，即是將一切善法功德，迴向自己願生安樂國土之意。

往生彼國之後，即能住於不退轉位，《阿彌陀經》也說：「極樂國土，眾生生者，皆是阿鞞跋致（不退轉）。」不退轉有兩類四種：

（一）依天台宗言：

1.位不退，別教初住至七住。

2.行不退，別教八住至十迴向終了。

3.念不退，別教初地以上。

4.依中國淨土門的迦才大師，則另加處不退，是說往生極樂世界以後，便能不再退墮到穢土來了；若以菩薩願力，還入娑婆，廣度無量眾生，增長無量福德、增長無量智慧，不能算是退墮穢土。

（二）若依法相宗，也立四不退：

1.信不退，第六信位之後，不再退生邪見。

2.位不退，第七位之後，不退入二乘。

3.證不退，初地以上，不退所證法身。

4.行不退，自八地以上，有為及無為之行，皆能修故。

阿彌陀佛淨土三部經所稱之不退轉，宜採第一類的四種。

「唯除五逆，誹謗正法」。此在本經第十八願中，已經提出一次。是說除了犯了五逆罪的人，以及誹謗正法的人之外，一切眾生皆能往生西方極樂世界。

「五逆」罪是指殺父、殺母、殺阿羅漢、出佛身血、破和合僧（在僧團之中製造是非，破壞僧團，分裂僧團，把本來和合的僧團破壞、離間、分裂了）。這五項罪過相當地大，合稱五逆罪。現代人處於佛世之後，無法出佛身血；這個世間誰是阿羅漢，大家並不知道，故也很難發生阿羅漢被殺的事；破和合僧，是指以羯磨法破和合僧，今世也很難有人犯此，倒是殺父、殺母，尚有可能犯。如果犯了這些罪，就不能夠往生西方極樂世界，這一點，在《觀無量壽經》裡則已有補救。

「誹謗正法」是什麼意思？正法是正知、正見、正信、正確的佛法，是以佛、法、僧三寶為其中心，以修持戒、定、慧三無漏學為其根本，以解脫貪、瞋、癡三毒，為出離生死苦海的條件。三無漏學之中，又以持戒為要，故常稱「毘尼住世，正法得久住」。

正法中最基礎的是因緣法和因果法。因緣法是在說明世間一切法都是無常的，都是無我的，究竟是空的，若能實證「空性」義，便出生死海。因果法是不論凡聖的，聖者以修行戒、定、慧為因，證得菩提道是果；凡夫若不修行，造作惡業是因，墮三惡道便是果。不過凡夫不明因果，甚至倒果為因，故在因果之中受苦受難。若信因果，經過累世累劫的修行，必定都能成佛。不信因緣及因果，便是邪見，而不知正法，甚至由於無知而誹謗正法，抨擊、諷刺、破壞、損毀佛、法、僧三寶。凡是誹謗正法的人，根本不信佛法，當然也不會發願往生西方安樂國土了。

三輩往生安樂國土

佛告阿難：十方世界諸天人民，其有至心願生彼國，凡有三輩。

這一段經文，講的是十方世界的諸天，以及所有的人民，雖其根性各有不同，如果他們能夠以至誠懇切的心，相信有個無量壽佛的安樂世界，願意臨終往生彼國，則依他們各自的善根、福德、因緣，分成三個等級：上輩、中輩、下輩。

我們常聽到的「九品蓮花為父母」，是《觀無量壽經》的記載，由於往生的人在生前所修福德、智慧的程度不一樣，到了西方極樂世界，蓮花化生的品位也不同，一共有九等。與此經對比，則上三品為上輩、中三品為中輩、下三品為下輩。

一、上輩往生

其上輩者，捨家棄欲而作沙門，發菩提心，一向專念無量壽佛，修諸功德，願生彼國。此等眾生，臨壽終時，無量壽佛，與諸大眾，現其人前；即隨彼佛，往生其國，便於七寶華中自然化生，住不退轉，智慧勇猛，神通自在。

這是能夠生到上輩蓮花中的五個條件：1.捨家棄欲而作沙門，2.發菩提心，3.一向專念無量壽佛的名號，4.修種種功德，5.發願願生西方極樂世界。

「沙門」是梵文 śramaṇa，是息心、靜志、淨志、勤息的意思，泛指佛教及諸外道的出家人。「棄欲」是斷除名、利、財、色等欲，要把俗情、俗物、俗事捨掉，才能出家為沙門。若沒有出家而願生彼國淨土，只得中、下輩生。

「發菩提心」是非常重要的，若不發菩提心，便不能以上輩身分往生西方極樂世界；就是欲生中輩，都應該發菩提心，也就是必須發起大悲願心，用佛法廣結善緣，濟度眾生，願一切眾生都得諸佛護念，得生安樂國土。

「一向專念」意思是，不論在何時、何處，總是要至心專一、精進不懈，稱念阿彌陀佛名號，繫念阿彌陀佛功德，就是一門深入，專修念佛法門，日也念，夜也念，有事沒事都要念，心無二用，只有一句阿彌陀佛的名號。一心念佛能夠長壽健康，乃至臨終發願念佛，一定也能往生西方。

「功德」是修種種善行，心有所得。吉藏的《仁王護國般若經疏》卷一云：「施物名功，歸己曰德。」眾生當以恭敬供養三寶為功德福田，即如《大明三藏法數》卷七所說：「功德福田，謂若能恭敬供養佛法僧三寶。」慧遠的《維摩經義記》卷一亦云：「其功德者，亦名福德。」

《觀無量壽經》有云：「欲生彼國者，當修三福：一者孝養父母，奉事師長，慈心不殺，修十善業。二者受持三歸，具足眾戒，不犯威儀。三者發菩提心，深信因果，讀誦大乘，勸進行者。」一般將之稱為世福、戒福、行福。此經文的「修諸功德」，又名修諸功德藏，雖未明言是哪些功德，衡諸經證，應為功德福田及三福的內容。

「願生彼國」，是西方淨土法門的重心，信有阿彌陀佛願力莊嚴的淨土，願生彼國，而至心修行淨土的念佛法門，此信、願、行如鼎三足，缺一不可。本經法藏比丘所發四十八願的第十八「念佛往生願」，以及主張但能信樂，不生疑心，十念乃至一念，念佛名號，求願往生彼國者，亦得如願。可知西方淨土法門，除了依阿彌陀佛的本願之力，也得要靠眾生相信、發願、念佛，始得相應。

具足了以上五個條件的眾生，到臨命終時，就能夠見到無量壽佛，手持金台，親自帶著西方安樂世界的諸菩薩眾和諸上善人，一起來迎接這位臨命終人，往生彼國，到了彼世界中，就在七寶蓮花之中，自然化生，住於不退轉位，智慧勇猛、神通自在，同於聖者菩薩。

根據《觀無量壽經》的上品上生，條件是除了修行前面所舉的三福，尚須具備兩類的三種心：1.至誠心、深心、迴向發願心。2.慈心不殺，具諸戒行，讀誦大乘經典，修行六念迴向發願願生彼國。如此之人，生彼國時，阿彌陀佛與觀世音、大勢至菩薩，及無數化佛、百千比丘聲聞大眾、無量諸天至行者前，阿彌陀佛授手迎接；自見其身乘金剛台，隨從佛後，往生彼國，聞佛說法，得無生忍。

本經講的上輩眾生往生彼國極樂世界，就在七寶蓮花台中化生，「蓮華」就是「蓮花」，人間的蓮花是草本植物而不是寶，開敷時雖然也是非常地嬌美、鮮豔、芬芳，但是過了幾天之後，漸漸就會枯萎、凋謝。而西方安樂世界的蓮花是七寶所成，永不凋謝。

所謂「七寶」是依當時印度所有者，但各部聖典的分類法，彼此間略有出入，若據《阿彌陀經》所說則為：金、銀、琉璃、玻璃、硨磲、赤珠、瑪瑙。此處是用七寶來作比喻，說明往生彼土的眾生，是自然化生，不需經過母腹懷胎，那是由於各自所積的善根福德，和阿彌陀佛的願力所成。

「智慧勇猛」，是說有真智慧的人，一定是勇猛精進的，難行能行、難忍能忍、難捨能捨而永遠不退道心。

「神通自在」，是說蓮花化生的彼土眾生，都能飛行自在，而且思食得食，思衣得衣，心到神至，處處現身，十方佛國，隨時往還，並且宮殿隨行。

是故阿難，其有眾生，欲於今世見無量壽佛，應發無上菩提之心，修行功德，願生彼國。

這幾句經文，是總結上輩往生的情況，釋尊勉勵眾生，若願今世命終便能親見無量壽佛，至少應具三個條件：1.發菩提心，2.修行功德，3.願生彼國。

二、中輩往生

佛語阿難：其中輩者，十方世界諸天人民，其有至心，願生彼國，雖不能行作沙門，大修功德，當發無上菩提之心，一向專念無量壽佛。多少修善，奉持齋戒，起立塔像，飯食沙門，懸繒然燈，散華燒香。以此迴向，願生彼國。其人臨終，無量壽佛，化現其身，光明相好，具如真佛，與諸大眾，現其人前，即隨化佛。往生其國，住不退轉，功德智慧，次如上輩者也。

這段講的是中輩往生的眾生，以什麼條件往生西方極樂世界。十方世界的諸天及其人民，如果能夠以至誠懇切心，發願求生西方極樂世界，雖然身不出家，但要能發無上菩提心，大修五戒、十善、八戒、六波羅蜜等各種功德，同時要一心念無量壽佛聖號。隨緣盡力修行善法，包括建立佛舍利塔、佛的塑像，供養僧眾衣食，在佛前懸掛繒綵、點燃燈燭、散花燒香等，以之迴向願生彼佛國土，便可如願中輩往生，得不退轉。

「齋戒」是指居士所持的八關齋戒，內容可以參閱拙著《戒律學綱要》。

佛「塔」要起，佛「像」要立，塔裡供的是佛舍利和佛像，這是讓眾生有供養和恭敬禮拜的地方和對象。傳說阿育王曾派遣使者至天下各地，造了八萬四千座佛舍利塔，藉以傳揚佛的教化。迄於目前，在緬甸有個大金塔非常有名；在尼泊爾、印度，有多座釋迦牟尼佛的舍利塔；在中國大陸浙江省的阿育王寺裡有一座舍利塔，另外在山西、河南、北京等地，也有佛的舍利古塔。舍利有兩類：1.佛的肉身舍利，是佛的遺骨；2.是佛的法身舍利，是佛的遺教經典，都是象徵著佛的精神所在。

「像」是石雕、木刻、泥塑、金屬鑄造，乃至彩畫、絹繡等的佛陀聖像，在印度、中國大陸，都有許多石窟中的佛像雕刻，成了後代的藝術寶庫，然在當時，乃是為信仰功德而建立的。今人建寺必造像，也等於本經鼓勵的「起立塔像」功德，是往生佛國的資糧。

「飯食沙門」就是齋僧的意思，在印度對於宗教師的恭敬供養是天經地義的事，並能從宗教師獲得祈福及教誨。佛法門中，乃以三寶為中心，又以僧眾為弘法利生、護持三寶的代表；為了佛法住世，便需有三寶住世；欲有三寶住世，就必須供僧，世尊是佛而現僧相，住於僧中，是故若僅供佛，便不含僧，若供養僧，佛在其中。僧眾的需求極少，最不能少的便是飲食。僧眾修學佛法，弘揚佛法，廣度眾生，而眾生供僧，便親近三寶，獲得佛法的利益，也能讓他人接受佛法的利益，所以供僧的功德，便是自利利他的菩薩行，是大功德。

「懸繒」及「然燈」就是莊嚴道場，令眾生生起敬仰歡喜之心，而燃燈又象徵光明的智慧，能除黑暗的煩惱。

「散華燒香」，在南方國家，以及尼泊爾和印度，到現在還有人把鮮花的花瓣，一小瓣、一小瓣地摘下來，然後裝在盤子中，賣給朝拜佛塔的信徒去塔前散花供養，表示對佛的恭敬。在佛聖典中記載，若聽說佛陀要來了，便在佛陀要經過的沿途撒上花，就好像我們現在迎接貴賓的時候，鋪上了紅地毯一樣。在佛教大型的莊嚴儀式中，大和尚的前面會有一位侍者捧著香爐及鮮花，香爐中燒著香，托盤之中盛著花；我在講經前也通常會燒香，禮佛，是為了感恩三寶，請佛光臨，求佛加護，並作證明。

經文中接著說，當這個人已修以上的功德，又能以至心「迴向」，「願生彼國」，他在臨命終時，無量壽佛便以化身，出現在此人眼前接引。此雖是中輩所見的化佛，但也有光明相好，跟佛的真身（報身）一樣，同時還有菩薩、聲聞、天人大眾，圍繞著無量壽佛。往生者便在命終的一剎那，隨著化身佛及諸聖眾，永離娑婆五濁惡世，往生安樂清淨國土，住於「不退轉位」。其「功德智慧」，雖不及上輩往生者，仍然還是非常地高大，本經說：「其有眾生，生彼國者，皆悉具足三十二相，智慧成滿，深入諸法。」

依《阿彌陀經》所說，化生的蓮花有多大呢？「大如車輪」，在古代印度有羊車、鹿車、馬車、牛車、象車，車輛有小有大，上、中、下三輩，往生者所坐蓮花，也是有小有大。

《阿彌陀經》又說，彼土眾生所依的蓮花，也有各種顏色和香味：「青色青光，黃色黃光，赤色赤光，白色白光，微妙香潔。」七寶蓮花生於七寶池中，池中充滿八功德水，其水具有：1.澄淨，2.清冷，3.甘美，4.輕軟，5.潤澤，6.安和，7.飲時除飢渴等無量過患，8.飲已定能長養諸根，四大增益，故名八功德水。

三、下輩往生

佛語阿難：其下輩者，十方世界諸天人民，其有至心，欲生彼國，假使不能作諸功德，當發無上菩提之心，一向專意，乃至十念，念無量壽佛，願生其國。若聞深法，歡喜信樂，不生疑惑，乃至一念，念於彼佛，以至誠心，願生其國。此人臨終，夢見彼佛，亦得往生。功德智慧，次如中輩者也。

這是大方便門，大慈悲門。有許多人既無緣出家，也無緣起塔、立像、供養沙門，更沒有散花、燒香、樹幡、燃燈的機會，未能做任何功德好事，但在臨命終時，還是想要往生西方安樂世界。這樣的人，無量壽佛也歡迎他們，不過他們還是應該要發無上菩提心，而且要一心專念無量壽佛名號，乃至於每天早上起來念十念，或者是臨命終之時，還能夠十念不斷，念無量壽佛，而且求願往生安樂世界，如此一定可以往生彼佛國土的下輩蓮花。

他們在臨命終時，能夠夢見無量壽佛，此乃由於往生下輩者的信願真切，故得夢見彌陀接引，往生彼國。唯以此類往生的眾生，所修功德智慧不如中輩，修因不同，得果自是有別。

依據《觀無量壽經》的下品三階，即是本經的下輩往生，下品上生者，由化阿彌陀佛、化觀世音菩薩、化大勢至菩薩前來接引，生彼國已，經七七日，花開見觀音、勢至，經十小劫得入初地。下品中生者，由化身的佛及菩薩迎接，於寶池蓮花中經六劫後，蓮花開敷見觀音、勢至。下品下生者，命終之時乃至十念具足求願往生，雖不見佛菩薩，卻有猶如日輪的金蓮花現其人前，接引往生，於蓮花中住滿十二大劫，花開得見觀音、勢至，聞法發起菩提之心。故此下輩不及上、中二輩之處世。

法鼓山有一個護法會，護法會的工作，一方面是在勸募，另一方面就是化緣，通過化緣的機會和關係，使得沒有接觸到佛法的人，也能夠接觸到佛法，使他們願意做大功德修行諸善，也參與弘揚佛法的工作。例如說現在法鼓山的硬體建設，就等於是做起立塔像的工作。

我們一方面要讓大家來修行佛法，同時也培養很多人來弘揚佛法、修行佛法。功德做了以後，應當發願，願生西方極樂世界，縱然沒有出家，應該也是中輩蓮花化生。如果平時什麼功德也不曾做，準備到臨命終時才求生彼國，這種機會因緣，頂多是下輩蓮生了。

胎生蓮邦

爾時佛告阿難及慈氏菩薩……：「彼國人民有胎生者，汝復見不？」對曰：「已見。」「其胎生者所處宮殿，或百由旬，或五百由旬，各於其中，受諸快樂，如忉利天上，亦皆自然。」爾時慈氏菩薩白佛言：「世尊，何因何緣，彼國人民，胎生化生？」佛告慈氏：「若有眾生，以疑惑心修諸功德，願生彼國，不了佛智，不思議智，不可稱智，大乘廣智，無等無倫最上勝智，於此諸智，疑惑不信；然猶信罪福，修習善本，願生其國。此諸眾生，生彼宮殿，壽五百歲，常不見佛，不聞經法，不見菩薩聲聞聖眾，是故於彼國土，謂之胎生。……其胎生者，皆無智慧，於五百歲中，常不見佛，不聞經法，不見菩薩諸聲聞眾，無由供養於佛，不知菩薩法式，不得修習功德，當知此人，宿世之時，無有智慧，疑惑所致。

這段經文非常簡單，內容是釋迦牟尼佛向彌勒菩薩，也就是慈氏菩薩，介紹無量壽佛的安樂世界，除了以上所說三輩往生的眾生是蓮花化生，尚有胎生的眾生，那些是沒有智慧的人，不太相信佛法，不了解佛有大智慧，但也修諸功德，信有罪福，並且發願往生彼佛國土。

這就像很多民間信仰的人，不知道天宮與佛國有何不同，但是聽說生天很快樂，所以就做好事，希望生天去；他們聽到有佛國淨土，也有點嚮往，只是不太明白，沒有智慧，也不知發菩提心，因此到了西方，不是蓮花化生，而是住在胎宮之中。這個胎宮有五百由旬這麼大，由旬是梵文 yojana 的音譯，又譯為由延、踰繕那，有謂一由旬，相當印度十六里，又云三十里及四十里，也有說相當於印度古帝王一日行軍的路程。由此可知，五百由旬大小的宮殿，在地球上已是一個不算太小的國家了。

此一胎宮有這麼大，住此宮中，享受諸種快樂，有如欲界第二天的忉利天宮。這與一般人希望生天享福的心念相應，由於願生無量壽佛的安樂國土，仗佛願力，使此等人生於胎宮，雖經五百歲常不見佛，聽不到佛法，也見不到菩薩及諸聲聞，時間之久，相當於忉利天的五百歲，而不是我們人間的五百歲。

諸位既然來聽《無量壽經》，一定要相信經文中所說的，一定要發菩提心，至少要求往生下輩蓮花，也不要生到胎宮中去。

若此眾生，識其本罪，深自悔責，求離彼處，即得如意，往詣無量壽佛所，恭敬供養，亦得遍至無量無數諸如來所，修諸功德。彌勒當知，其有菩薩生疑惑者，為失大利，是故應當明信諸佛無上智慧。

這段經文，可有三種作用：

（一）說明佛的慈悲，已生胎宮的眾生，雖其享樂如忉利天宮，由於本來願生無量壽佛的國土，只因沒有絕對的至誠信心，而以半信半疑的「疑惑心，修諸功德，願生彼國」。所以住於胎宮，自然而然，仍以「不見三寶，不得供養諸佛為苦」。

（二）勸勉眾生，若對「疑惑心」的罪過，深切懺悔，並且求離胎宮，便能如願往見無量壽佛，以其所修功德，獲得往生三輩之中的一種蓮花；花開聞法，得於佛前恭敬供養，乃至遍往無量諸佛國土，廣修諸種功德。

（三）勸勉發了菩提心的初發心菩薩，切勿對於佛說的本經起疑惑心，一定要相信無量壽佛有「不思議智，不可稱智，大乘廣智，無等無倫最上勝智」。並且「修習善本，願生其國」，必定得生，否則便失大利，就非常可憐了！

菩薩殊勝・世間苦惱

《無量壽經》卷下的內容，除了「三輩」往生，也介紹了觀音、大勢至、彌勒三大菩薩。前二菩薩是在彼佛國中，「於此國土，修菩薩行，命終轉化生彼佛國」。此二菩薩在彼佛國，「最尊第一，威神光明，普照三千大千世界」。

彼國眾生，都能「究竟一切菩薩所行，具足成就無量功德。」「究竟一乘，至于彼岸。」「究竟菩薩諸波羅蜜，修空、無相、無願三昧，不生不滅諸三昧門。」可知彼土，雖有諸天人民，以及聲聞、緣覺，畢竟都能以修諸波羅蜜、三三昧等諸三昧門，故云：「遠離聲聞、緣覺之地。」

其次有一大段經文，釋尊以彌勒菩薩為請法的代表，說出無量壽佛國土的微妙、安樂、清淨，來與五濁惡世的劇惡、疾苦、天災、地變、憂念、愁怖等對比；判析人間的心態，所受的苦楚，並且列舉五惡、五痛、五燒的現象，加諸世人的劇苦，用來勸導眾生發願往生無量壽佛的安樂國土。

何為五惡、五痛、五燒？

（一）諸天人民，蠕動之類，「欲」為眾惡，由惡入罪，受其懲罰，壽終後世，尤深尤劇。是為第一大惡、大痛、大燒。

（二）世間人民，至親上下，彼此相處，都無義理，不順法度，各欲快意，任心自恣，更相欺惑。忿成怨結，互相殘害，壽終之後，下入惡道，受無量苦。是為第二大惡、大痛、大燒。

（三）世間人民，相因寄生，壽命短促。常懷邪惡，但念淫佚，愛欲交亂，坐起不安。交結聚會，興師相伐。恣心快意，極身作樂，不避尊卑。故有自然三塗（惡道），無量苦惱，累世累劫，無有出期。是為第三大惡、大痛、大燒。

（四）世間人民，不念修善，輾轉影響，共為眾惡，兩舌、惡口、妄言、綺語，憎嫉善人，破壞賢明，不孝二親，輕慢師長，朋友無信。横行威勢，為惡無恥。此世為惡，福德滅盡。壽命終盡，入於火鑊。故有自然三塗，無量苦惱。是為第四大惡、大痛、大燒。

（五）世間人民，懶惰懈怠，不肯作善。負恩違義，恣意遊散，肆心放蕩，不思父母之恩，不存師友之義，心常念惡，口常言惡，身常行惡。不信佛法，不信因果，不仁不順，心中閉塞，意不開解，浩浩茫茫，從冥入冥。故有自然三塗，無量苦惱。是為第五大惡、大痛、大燒。

世間愚癡眾生，由造五惡，而遭五燒五痛，佛皆哀憐，故言：「汝今諸天人民及後世人，得佛經語，當熟思之，能於其中端心正行，……拔斷生死眾惡之本，永離三塗無量憂畏苦痛之道。」

此界修行勝於諸佛國土

這部《無量壽經》共有上、下兩卷，這次清明佛七期間，無法自始至終全部講完，所以摘錄彌陀大願的精要經文，向諸善信知識介紹，在此娑婆世界修行西方淨土法門的功德殊勝。本經下卷有云：

正心正意，齋戒清淨，一日一夜，勝在無量壽國為善百歲。所以者何？彼佛國土，無為自然，皆積眾善，無毛髮之惡。於此修善十日十夜，勝於他方諸佛國中為善千歲，所以者何？他方佛國，為善者多，為惡者少，福德自然，無造惡之地；唯此間多惡，無有自然，勤苦求欲，轉相欺殆，心勞形困，飲苦食毒，如是惡務，未嘗寧息。

此段經文是說，在我們所處的這個娑婆世界的五濁惡世，若能依照佛法所示，於一日一夜之間，正心正意守持八關齋戒，也勝於到無量壽佛的安樂國中修善百歲的功德。因在彼佛國土，自然沒有持戒犯戒的問題，唯有積聚眾善，而無絲毫的惡行惡事。又說，在此娑婆國土，修行善法十日十夜，勝於其他十方佛國修行千歲的善法。因為他方佛國的眾生，為善者多而為惡者少，唯有此間是五濁惡世，眾生與眾生之間，相互苦逼，弄得心勞而形困，惡事連連，未曾得有寧息的時間與空間。所以，若能在此世界修行善法，其所成就功德，非常殊勝，不僅勝於他方佛國，也勝於無量壽佛的安樂國土。

此在《阿彌陀經》也說，釋迦世尊「能於娑婆國土，五濁惡世，劫濁、見濁、煩惱濁、眾生濁、命濁中，得阿耨多羅三藐三菩提，為諸眾生，說是一切世間難信之法」。他方諸佛，也稱讚釋迦世尊的「不可思議功德」。

並且又說，眾生應當發願，願生西方安樂世界，然在尚未往生之前，必須及時精進於諸善功德的修行；往生彼國，於得不退轉之後，仍當學習釋迦如來，倒駕慈航，來此娑婆世界的五濁惡世，修無量福德，度無邊眾生，功德不可思議。因為在此世界修行成佛的功德，大於他方佛國，也快於他方佛國。

這豈不也就是我們法鼓山的理念「提昇人的品質，建設人間淨土」，最親切的依據所在嗎？

國家圖書館出版品預行編目資料

48 個願望：《無量壽經》講記 / 聖嚴法師著.
-- 二版. -- 臺北市：法鼓文化,
2020.01
面；　公分
ISBN 978-957-598-836-4（平裝）

1. 方等部

221.34　　　　108020258

現代經典 3

48個願望——《無量壽經》講記

Forty Eight Vows: Commentary on the Sutra of Immeasurable Life

著者　聖嚴法師
出版　法鼓文化
總審訂　釋果毅
總監　釋果賢
總編輯　陳重光
編輯　張翠娟、李書儀
封面設計　謝佳穎
內頁美編　小工
地址　臺北市北投區公館路一八六號五樓
電話　(02)2893-4646
傳真　(02)2896-0731
網址　http://www.ddc.com.tw
E-mail　market@ddc.com.tw
讀者服務專線　(02)2896-1600
初版一刷　一九九九年九月
二版一刷　二〇二〇年一月
建議售價　新臺幣一六〇元
郵撥帳號　50013371
戶名　財團法人法鼓山文教基金會—法鼓文化
北美經銷處　紐約東初禪寺
Chan Meditation Center (New York, USA)
Tel: (718) 592-6593　Fax: (718) 592-0717

本書如有缺頁、破損、裝訂錯誤，請寄回本社調換。
版權所有，請勿翻印。

法鼓文化